BASISCHE KÜCHE

Inhaltsverzeichnis

Vorwort

Fleisch, Wurst, Käse, Brot, Süßes, Alkohol, fette Snacks und viel zu oft Fastfood: Eigentlich kein Wunder, dass unser Körper irgendwann einmal sauer reagiert und vor „Wut überschäumt". So einige Zeit lässt er sich das Ganze ja gefallen, weil seine eigenen Puffersysteme ihn vor Übersäuerung schützen, doch irgendwann verliert er die Geduld. Sein Säure-Basen-Haushalt gerät aus den Fugen – säurehaltige Ablagerungen sind die Folge.

Wir fühlen uns schlapp, sind schnell müde und gereizt, Sodbrennen tritt auf, Haut und Haare reagieren empfindlich, das Bindegewebe erschlafft – um nur einiges zu nennen. Da heißt es, die Notbremse ziehen, das Zuviel an Säuren wieder loswerden und Basenreserven aufbauen. Das bedeutet jedoch noch lange nicht Dauerverzicht!

Wer sich eine Zeit lang basisch ernährt, sorgt nicht nur dafür, dass sein Körper die Spurenelemente und Mineralien bekommt, die er so dringend benötigt. Er gibt ihm außerdem die Gelegenheit, sich all der sauren Stoffwechselprodukte, die sich im Bindegewebe der Haut und der anderen Organe gebildet haben, zu entledigen.

Warum also nicht einfach regelmäßig einmal im Monat einige Entlastungstage einlegen, um dem Körper und damit letztendlich dem eigenen seelischen Wohlbefinden etwas Gutes zu tun? Dieses Buch will Sie dabei unterstützen, Ihre Säure-Basen-Balance wiederzufinden. Es kommt durchaus vor, dass das eine oder andere unserer Rezepte mehr Lebensmittel enthält, die eher in die Kategorie „sauer" fallen, wie z. B. Nudeln. Doch in der Kombination mit entsprechenden Zutaten wie frischen Tomaten oder Salat wird auch dieses Gericht eine basenüberschüssige oder zumindest neutrale Mahlzeit. Denken Sie immer daran: In der basischen Ernährung gibt es keine verbotenen Lebensmittel. Achten Sie einfach auf einen mengenmäßig überwiegenden Anteil an basischen Inhaltsstoffen und das damit verbundene Ansammeln von Basenreserven.

Viel Spaß beim Kochen!

Basiswissen „Basische Küche"

Was ist Übersäuerung

Sind Sie schnell gereizt? Fühlen Sie sich innerlich leer und antriebsarm und machen Ihnen Stimmungsschwankungen zu schaffen? Ziehen Sie Schnupfen und andere Infektionskrankheiten nahezu magisch an? Sind Ihre Fingernägel brüchig und wirkt Ihre Gesichtshaut fahl? Dann leidet Ihr Körper womöglich unter einer Übersäuerung. Er ist im wahrsten Sinne des Wortes sauer, weil sein Säure-Basen-Haushalt gestört ist. Schuld daran ist zu einem wesentlichen Teil unsere Ernährung.

Bis zu einem gewissen Grad kann der Körper mit der Säureflut umgehen: Beispielsweise werden Säuren über die Nieren mit dem Urin (Harnsäure), über die Lungen mit der Atemluft (Kohlensäure) und über die Haut mit dem Schweiß ausgeschieden. Doch irgendwann stößt das Puffersystem an seine Grenzen. Wann dies der Fall ist, hängt von der individuellen Konstitution, dem Lebensstil und

den persönlichen Reserven ab. Jahrelang kann alles gutgehen, bis Blut, Darm und Nieren nicht mehr ausreichend in der Lage sind, das Zuviel an Säure zu neutralisieren, weil nicht genügend Basen zur Verfügung gestellt werden. Schlimmstenfalls greift unser Körper dann seine eigenen Basenspeicher – wichtige Mineralstoffe – an und baut diese ab, um die Säuren binden und ausscheiden zu können – mit oft schwerwiegenden Folgen.

Bei ständiger Säurebelastung sind die Mineralstoffe, die wir täglich mit der Nahrung zuführen, schnell verbraucht, und es passiert Folgendes: Der Körper entzieht Knochen und Muskeln die basischen Mineralstoffe wie etwa Magnesium und Kalzium, um die überschüssigen Säuren zu binden und zu neutralisieren. Auch Natrium, Kalium und Eisen werden aufgezehrt – alles Mineralien, die unser Organismus benötigt, um störungsfrei funktionieren zu können.

Was ist eigentlich der pH-Wert?

Er gibt darüber Auskunft, ob eine Lösung sauer oder basisch (alkalisch) ist. Die pH-Wert-Skala reicht von 0 bis 14.
Der Bereich zwischen 0 und unter 7 wird als sauer bezeichnet, ein pH-Wert von über 7 zeigt an, dass das Milieu basisch ist. Ist das Verhältnis von Säuren und Basen ausgeglichen, liegt der pH-Wert bei 7 (neutraler Bereich). Im menschlichen Körper bestehen in verschiedenen Flüssigkeiten unterschiedliche pH-Werte.
Der pH-Wert im Magen liegt bei ungefähr 1 (sauer), der des Speichels ist nahezu neutral und der im Blut sollte in einem leicht basischen Bereich von 7,35 liegen.

Die pH-Skala zeigt an, wie sauer oder basisch Lösungen sind.

Mit der richtigen Ernährung bringen Sie Ihren Säure-Basen-Haushalt ins Gleichgewicht.

Folgen von Übersäuerung

Doch nicht nur die körpereigenen Mineralstoff-Lager werden angegriffen und aufgezehrt. Der Körper ist gleichzeitig gezwungen, die überschüssigen Säuren und Stoffwechselprodukte irgendwie wieder loszuwerden. Die Folge: Er lagert den „Müll" in Zwischenlager ab – in Bindegewebe (schlaffes Gewebe, Cellulite), Muskeln (Abbau) und Gelenken (Gicht, Arthritis und Arthrose können die Folge sein). Auch in den Nieren, der Galle oder in der Blase sammeln sich Schlacken an und wachsen dort unter Umständen zu Nierensteinen, Gallensteinen oder Blasensteinen heran. Der Organismus lagert gewisse Stoffwechselprodukte sogar in den Blutgefäßen ab, wo sie zu Verengungen, dann zu Bluthochdruck und schließlich zu Herzinfarkt und Schlaganfall führen können.

Mineralstoffe

Unsere Nahrung liefert – abgesehen von Kohlenhydraten, Eiweißen und Fetten – unter anderem auch Mineralien. Manche davon sind säurebildend, andere wiederum basenbildend. Zu den säurebildenden Mineralien gehören u. a. Schwefel, Phosphor, Chlor und Jod. Aus ihnen entstehen bei der Verstoffwechslung Säuren wie Schwefelsäure, Phosphorsäure und Salzsäure. Die basenbildenden Mineralien sind u. a. Natrium, Kalium, Kalzium, Magnesium und Eisen. Um gesund zu bleiben, benötigt unser Körper alle diese Mineralien. Jeder einzelne Mineralstoff erfüllt in unserem Körper lebenswichtige Aufgaben.

Erste Anzeichen einer dauernden Übersäuerung können Unwohlsein, Energielosigkeit und unerklärliche Müdigkeit sein. Aber auch die Psyche und das Nervenkostüm können unter einem gestörten Säure-Basen-Haushalt leiden. Unser gesamtes Wohlbefinden hängt von der Balance zwischen Säuren und Basen ab.

Durch die Bestimmung des pH-Wertes im Blut oder Urin erfährt man, wie sauer oder basisch die Körperflüssigkeit ist. Im Blut gibt es diverse Puffersubstanzen, die pH-Veränderungen durch den Stoffwechsel auffangen und den pH-Wert konstant halten. Kommt es jedoch zu einer Verschiebung des pH-Wertes in den sauren Bereich, dann arbeiten die Regelmechanismen des Körpers auf Hochtouren. Irgendwann können die eintreffende Säureflut nicht mehr bewältigen und es kommt zu einer Übersäuerung. Dies kann zu Gesundheitsstörungen führen.

Mittlerweile geht man davon aus, dass eine Übersäuerung über Jahre hinweg folgende Krankheiten begünstigen kann: Osteoporose, Migräne, Magen-Darm-Geschwüre, rheumatische Erkrankungen, Allergien, Nierensteine, Gallensteine, Neurodermitis, Herzerkrankungen, chronische Schmerzen, Cellulite und Gicht. Aber auch allgemeines Unwohlsein, Kopfschmerzen, Infektanfälligkeit, Veränderung von Haaren, Haut und Nägeln, Verdauungsbeschwerden, innere Unruhe und Nervosität können Vorboten sein. Das Problem: Viele Betroffene haben keine Ahnung davon, dass ein unausgeglichener Säure-Basen-Haushalt der Grund für ihre Beschwerden sein könnte. Sie schlucken Medikamente, um beispielsweise einen erhöhten Blutdruck zu senken, besser zu schlafen, mehr Power zu haben, die Laune zu heben und vieles mehr. Dabei würde schon basenorientiertes Essen helfen, einer Übersäuerung des Körpers vorzubeugen bzw. den Körper darin zu unterstützen, die sauren Stoffwechselprodukte abzubauen.

Kräuter sind wertvolle Basenlieferanten.

Genießen Sie täglich Obst und Gemüse!

Eine einfache Faustregel

Für das natürliche Gleichgewicht von Basen und Säuren spielen nicht nur Umweltgifte, Dauerstress, Ängste und Sorgen sowie Bewegungsmangel eine gravierende Rolle, sondern vor allem eine ungeeignete Ernährungszusammenstellung und industrialisierte Nahrung. Gewöhnlich findet man mittags oder abends Fisch und Fleisch auf unseren Tellern. Gemüse oder Salate werden allenfalls als kleine, lästige Beilage toleriert. Nach wie vor greifen viele immer noch am liebsten zu Brot, Wurst und Käse und später am Abend zu Snacks, Alkohol und Zigaretten. Wer sich so ernährt, ist in der Regel automatisch übersäuert, denn tierisches Eiweiß, also Fleisch, Fisch und Milchprodukte, zählt zu den am stärksten säurebildenden Nahrungsmitteln. Eine einfache Faustregel besteht darin, dass lediglich ca. 20 % der täglichen Nahrungsaufnahme über Säurebildner bestritten werden sollte. Dies ist gar nicht so schwer umsetzbar, wie es im ersten Augenblick vielleicht erscheinen mag: Schließlich gibt es außer starken Basenbildnern (z. B. Äpfel, Galgant, Gemüsebrühe, Limetten, Paprikaschoten, Sprossen, Kräuter) eine ganze Reihe schwächer basenbildender sowie neutraler Lebensmittel, die

zusätzlich zu den starken Basenproduzenten für die verbleibenden 80 % in Frage kommen. Keine Sorge, es muss nicht jede Mahlzeit den Prinzipien der Säure-Basen-Kost entsprechen. Selbstverständlich dürfen Sie zwischendurch naschen. Wichtig ist, dass die Säure-Basen-Bilanz über Wochen und Monate ausgeglichen ist. Setzen Sie möglichst wenig denaturierte Lebensmittel auf den Speiseplan. Darunter versteht man industriell hergestellte Produkte, die aus mechanisch oder chemisch veränderten Zutaten produziert werden. Solche Fertiggerichte sind mit Vorsicht zu genießen, denn in der Regel haben sie säurebildende Eigenschaften.

Außerdem gilt: Reichlich Flüssigkeitszufuhr stellt eine wichtige Unterstützung bei einer basenorientierten Ernährungsweise dar! Denn auch den Nieren kommt als Ausscheidungsorgan eine wichtige Funktion im Säure-Basen-Haushalt zu und ihre Aktivität sollte gefördert werden. Trinken Sie also viel – zwei Liter am Tag sind das Minimum: Kräutertees und ungesüßte Fruchtsäfte, sowie natürlich Mineralwasser ohne Kohlensäure.

Hinsichtlich ihres Einflusses auf den Säure-Basen-Haushalt lassen sich die Nahrungsmittel in folgende Gruppen einteilen:

Basenlieferanten:
Sie liefern mehr Basen als Säuren.

Basenlieferanten
(Auswahl):

Obst

Ananas, Äpfel, Aprikosen, Avocado, Bananen, Birnen, Blaubeeren, Brombeeren, Clementinen, Datteln, Erdbeeren, Feigen, Grapefruits, Himbeeren, Honigmelonen, schwarze und rote Johannisbeeren, Kirschen, Kiwis, Limetten, Mandarinen, Mangos, Mirabellen, Nektarinen, Orangen, Papayas, Pfirsiche, Pflaumen, Quitten, Stachelbeeren, Wassermelonen, Weintrauben, Zitronen, Zwetschgen

Gemüse und Salate

Algen, Auberginen, Bataviasalat, Blumenkohl, Bohnen (grün), Brokkoli, Chinakohl, Chicorée, Eichblattsalat, Eisbergsalat, Erbsen, Feldsalat, Fenchel, Friséesalat, Frühlingszwiebeln, Grünkohl, Gurken, Kartoffeln, Kohlrabi, Kopfsalat, Kürbis, Mangold, Maronen, Möhren, Paprikaschoten, Pastinaken, Petersilienwurzeln, Pilze, Porree, Radicchio, Radieschen, Rettich, Romanesco, Rotkohl, Schwarzwurzeln, Sellerie, Spargel, Spinat, Süßkartoffeln, Tomaten, Weißkohl, Wirsing, Zucchini, Zwiebeln

Kräuter

Basilikum, Bohnenkraut, Borretsch, Brunnenkresse, Dill, Kerbel, Koriander, Liebstöckel, Majoran, Melisse, Petersilie, Pfefferminze, Rosmarin, Salbei, Schnittlauch, Thymian

Gewürze

Cayennepfeffer, Chili, Curry, Ingwer, Kardamom, Koriander, Kümmel, Kreuzkümmel, Kurkuma, Muskat, Pfeffer, Safran, Zimt

Nüsse, Trockenfrüchte und Samen

Cashewnüsse, Datteln, Feigen, Haselnüsse, Kokosnüsse, Kürbiskerne, Mandeln, Maronen, Mohn, Pistazien, Rosinen, Sesam, Sonnenblumenkerne

Getränke

Apfelsaft (ungesüßt), Grapefruitsaft (ungesüßt), Möhrensaft, Orangensaft, Tomatensaft, Mineralwasser, Molke

Säurelieferanten:
Sie enthalten einen Überschuss an sauren Mineralstoffen. Obwohl sie selbst keine Säuren beinhalten, entstehen bei ihrer Verwertung im Stoffwechsel Säuren.

Neutrale Lebensmittel:
Sie haben keine Auswirkungen auf das Säure-Basen-Gleichgewicht.

Säurelieferanten (Auswahl):

Milch und Milchprodukte

Buttermilch, Fruchtjoghurt, Hüttenkäse, Milch, Quark, Sahne, saure Sahne, Camembert, Gouda, Parmesan, Schmelzkäse

Getreide und Getreideprodukte

Brot, Buchweizen, Cornflakes, Couscous, Dinkel, Gerste, Grieß, Grünkern, Hafer, Haferflocken, Hirse, Knäckebrot, Pasta, Pizza, Polenta, Quinoa, Reis, Roggenmehl, Weizenmehl, Zwieback

Getränke

Alkohol, Cola, Eistee, Früchtetee, Kaffee, Kakao, Limonade, schwarzer Tee

Sonstiges

Chips, Eier, Eis, Essig, Fleisch, Gebäck, Hülsenfrüchte, Kuchen, raffinierte Fette und Öle, Senf, Schokolade, Wurst

Lebensmittel, die mit Basenspendern kombiniert werden sollten (Auswahl):

Fleisch, Fleischbrühe, Wurst, Eier, Fisch und Meeresfrüchte, Milch- und Milchprodukte, Käse, Senf, Essig, Ketchup, Hülsenfrüchte, Rosenkohl, Artischocken, Getreide und Getreideprodukte, Zucker, Süßigkeiten, Eis, raffinierte Fette und Öle, kohlensäurehaltige Getränke, Kaffee, Tee, Alkohol, Tofu

Neutrale Lebensmittel

Olivenöl, Sonnenblumenöl, Kefir, Butter

Achtung: Der Geschmack der Lebensmittel sagt nichts darüber aus, ob sie säurebildend oder basisch wirken. So gehören viele sauer schmeckende Lebensmittel wie zum Beispiel Kiwis, Sauerkraut, Zitronen und Limetten zu den Basenbildnern. Limonade hingegen gehört zu den Säurelieferanten, obwohl sie süß schmeckt. Um ganz sicher zu sein, sollten Sie in der Tabelle nachsehen.

Salate und Suppen

Die Natur liefert uns gesunde und schmackhafte Basen-spender in Hülle und Fülle. Frisches Obst und Gemüse, die Stars in knackigen Salaten und leckeren Suppen, helfen uns auf angenehme Weise dabei, unseren Säure-Basen-Haushalt wieder ins Gleichgewicht zu bringen.

Sommerlicher Tomatensalat

Zutaten für 4 Personen
Für den Salat
250 g gelbe Kirschtomaten
500 g rote Kirschtomaten
1 Salatgurke
1 rote Zwiebel
1 Bund frisches Basilikum
8 schwarze Oliven
frisch gemahlener Pfeffer

Für die Salatsauce
1/2 TL mittelscharfer Senf
Salz
frisch gemahlener Pfeffer
3 EL kalt gepresstes Olivenöl
1 EL Balsamicoessig

Für den Salat die Kirschtomaten waschen und halbieren, ggf. die Stielansätze entfernen. Die Salatgurke waschen, schälen und in Scheiben schneiden. Die Zwiebel abziehen und in feine Ringe teilen. Das Basilikum waschen, trocken schütteln und die Blätter von den Stielen zupfen. Einige Blätter zum Garnieren beiseitelegen, den Rest fein hacken. Die Oliven in Ringe schneiden. Tomaten, Gurke und Zwiebelringe auf einer großen Platte anrichten, die Oliven darauf verteilen und mit Pfeffer bestreuen.

Für die Salatsauce Senf, Salz und Pfeffer verrühren. Das Öl nach und nach dazugießen und gut unterrühren. Das Dressing mit Balsamico würzen, das gehackte Basilikum hinzufügen und mit Salz und Pfeffer abschmecken. Den Salat mit den Basilikumblättchen garnieren und die Salatsauce separat dazu reichen.

Tipp: Sie können gerne andere Tomaten verwenden und auch bei den Kräutern variieren.

Kichererbsensalat

Zutaten für 4 Personen
400 g gekochte Kichererbsen (Dose)
je 1/2 gelbe, rote und grüne Paprikaschote
2 gekochte, kleine Kartoffeln
2 Schalotten
2–3 EL kalt gepresstes Olivenöl
2–3 EL Zitronensaft
1 Msp. Kreuzkümmelpulver
1 TL Zucker
Salz

Außerdem
Sieb
einige Zweige frischer Koriander zum
Garnieren

Die Kichererbsen in ein Sieb geben und mit kaltem Wasser so lange abspülen, bis die abfließende Flüssigkeit völlig klar ist. Die Kichererbsen abtropfen lassen und in eine Schüssel geben. Die Paprika waschen, entkernen, die Trennhäute entfernen, in feine Würfel schneiden und zu den Kichererbsen geben. Die Kartoffeln in kleine Würfel schneiden. Die Schalotten abziehen und ebenfalls fein würfeln. Beides zu den Kichererbsen in die Schüssel geben.

Das Olivenöl und den Zitronensaft verrühren, mit Kreuzkümmelpulver, Zucker und Salz würzen und abschmecken. Das Dressing über den Salat geben und alles sorgfältig durchmischen. Den Salat 10 Minuten ziehen lassen. Den Koriander waschen, trocken schütteln, die Blättchen abzupfen und fein hacken. Den Salat anschließend nochmals durchrühren, abschmecken und mit Koriander bestreut servieren.

Tipp: Statt Koriander können Sie auch Petersilie verwenden.

Feldsalat mit Tofucroûtons

Zutaten für 4 Personen
300 g Feldsalat
200 g Shiitake-Pilze
200 g Tofu
12 Kirschtomaten
50 ml Sojaöl
2 Knoblauchzehen
3 EL Apfelessig
3 EL Sojasauce
Salz
frisch gemahlener Pfeffer

Außerdem
Salatschleuder
Schaumkelle
Küchenpapier

Den Feldsalat verlesen, waschen und trocken schleudern. Die Stiele der Pilze entfernen, die Köpfe mit einem feuchten Tuch säubern und die Pilze in Scheiben schneiden. Den Tofu in 2 x 2 cm große Würfel schneiden. Die Kirschtomaten waschen und halbieren, ggf. die Stielansätze entfernen. Den Knoblauch abziehen und vierteln.

3 EL vom Öl in einer Pfanne erhitzen und den Knoblauch darin goldgelb braten. Dann den Knoblauch herausnehmen und entsorgen. Die Tofuwürfel in die Pfanne geben und goldgelb braten. Mit einer Schaumkelle herausheben und auf Küchenpapier abtropfen lassen. Anschließend die Pilze unter Rühren in der Pfanne anbraten und ebenfalls auf Küchenpapier abtropfen lassen.

Den Feldsalat mit den Kirschtomaten auf Teller verteilen, die gebratenen Shiitake-Pilze und Tofucroûtons darauf anrichten. In einem Schälchen den Apfelessig mit der Sojasauce vermengen und nach und nach das restliche Sojaöl langsam unterrühren. Mit Salz und Pfeffer abschmecken und über den Salat geben.

Tipp: Mischen Sie zusätzlich eine fein gewürfelte, rote Zwiebel unter den Salat. Statt Shiitake-Pilze können Sie auch frische Champignons verwenden.

Zutaten für 4 Personen
6 mittelgroße, festkochende Kartoffeln
Salz
1 Salatgurke
1/2 Bund frische Minze
2 EL Zitronensaft
frisch gemahlener Pfeffer
1 Prise Cayennepfeffer
1 TL Kreuzkümmelpulver
1 TL Korianderpulver

Kartoffelsalat mit Minze

Die Kartoffeln mit der Schale in Salzwasser garen und abgießen. Noch warm pellen, in 2 cm große Würfel schneiden und in eine Schüssel geben. Die Gurke gründlich waschen, schälen, halbieren und die Kerne mit einem Löffel herauskratzen. Anschließend in 1 cm große Würfel schneiden und zu den Kartoffelwürfeln geben.
Die Minze gründlich waschen, trocken schütteln und die Blätter von den Stängeln zupfen. Die Minzblättchen klein hacken und zu den Kartoffeln und Gurken in die Schüssel geben. Mit Salz, Zitronensaft, Pfeffer und Cayennepfeffer würzen.
Das Kreuzkümmel- und das Korianderpulver in einer heißen Pfanne ca. 1 Minute trocken anrösten und zum Salat geben. Alles vorsichtig miteinander vermengen und den Salat abgedeckt 1–2 Stunden in den Kühlschrank stellen. Vor dem Servieren sollte der Salat Zimmertemperatur haben.

Tipp: Zusätzlich können Sie einige gewürfelte Tomaten unter den Salat mischen.

Zutaten für 4 Personen
800 g Rote Bete
Salz
4 EL kalt gepresstes Olivenöl
2–3 EL heller Balsamicoessig
1–2 Knoblauchzehen
frisch gemahlener Pfeffer

Außerdem
Knoblauchpresse
1 Bund frische, glatte Petersilie oder
frischer Dill

Rote-Bete-Salat

Die Rote Bete gründlich waschen, in einen Topf geben und mit so viel kaltem, gesalzenem Wasser auffüllen, bis das Gemüse bedeckt ist. Aufkochen lassen und die Rote Bete bei schwacher Hitze etwa 60–90 Minuten (das hängt von der Größe ab) garen. Mit einer Gabel in die Knollen stechen, um zu prüfen, ob sie weich sind. Anschließend abgießen, etwas abkühlen lassen und schälen.

Die Rote Bete in Scheiben schneiden und in eine Schüssel geben. Das Olivenöl mit dem Essig verrühren. Den Knoblauch abziehen, pressen und unterrühren. Das Dressing mit Salz und Pfeffer würzig abschmecken. Über die Rote Bete geben und sorgfältig unterheben.

Den Salat zugedeckt ca. 60 Minuten durchziehen lassen. Nach Belieben Petersilie oder Dill waschen, trocken schütteln, die Blätter oder Spitzen von den Zweigen zupfen, klein hacken und unter den Salat heben.

Tipp: Reichen Sie dazu Pellkartoffeln.

Salat von gegrillten Zwiebeln

Zutaten für 4 Personen
250 g Silberzwiebeln
10 Schalotten
6 mittelgroße Gemüsezwiebeln
4 rote Zwiebeln
4 EL kalt gepresstes Olivenöl
Saft von 1 Zitrone
Salz
frisch gemahlener Pfeffer
1 Bund frische, glatte Petersilie
2 EL Balsamicoessig

Alle Zwiebeln abziehen. Die Silberzwiebeln ganz lassen, die Schalotten je nach Größe halbieren oder vierteln. Die Gemüsezwiebeln vierteln oder achteln, die roten Zwiebeln in Scheiben schneiden. Die Zwiebeln und Schalotten in einer flachen Schale ausbreiten. 3 EL vom Olivenöl mit dem Zitronensaft verrühren und die Mischung über die Zwiebeln gießen. Die Zwiebeln mehrfach in der Marinade wenden. Mit etwas Salz und Pfeffer würzen und abschmecken.

Die Zwiebeln portionsweise im Backofen je 5–7 Minuten grillen, dabei mehrfach wenden. Die Petersilie waschen, trocken schütteln, die Blätter abzupfen und grob hacken. Die bereits gegrillten Zwiebeln auf eine Servierplatte geben und warm halten. Wenn alle Zwiebeln gegrillt sind, mit der gehackten Petersilie mischen. Das restliche Olivenöl mit dem Balsamicoessig verrühren und darüberträufeln.

Zutaten für 4 Personen
2 EL Sherryessig
3 EL Rosinen
500 g kleine Zucchini
50 g Sellerie
1 rote Paprikaschote
1 kleine rote Chilischote
1/2 Bund frische Minze
20 g frischer Ingwer
2 Knoblauchzehen
3 EL kalt gepresstes Olivenöl
Salz
frisch gemahlener Pfeffer
2 EL Honig
2 EL Kapern
3 EL grob gehackte Haselnüsse

Außerdem
Knoblauchpresse

Warmer Zucchinisalat

Den Essig mit 2 EL warmem Wasser verrühren und die Rosinen etwa 15 Minuten darin einweichen. Die Zucchini putzen, waschen, längs halbieren und in etwa 3 cm lange Stücke schneiden. Den Sellerie putzen, waschen und in feine Streifen schneiden. Die Paprika halbieren, entkernen, die Trennwände entfernen, waschen und in feine Streifen schneiden. Die Chilischote entkernen und fein hacken. Die Minze waschen, trocken schütteln, die Blätter abzupfen und fein hacken. Den Ingwer schälen und fein reiben, den Knoblauch abziehen und durch die Presse drücken. Das Olivenöl in einer großen Pfanne erhitzen. Zucchini, Sellerie und Paprika unter Rühren darin anschwitzen. Chili, Ingwer und Knoblauch hinzufügen und 3 Minuten mitdünsten. Mit etwas Salz und Pfeffer würzen. Die Rosinen mit der Marinade, die Hälfte der Minze, den Honig und die abgetropften Kapern unterheben und die Mischung vom Herd nehmen. In einer Pfanne die Haselnüsse ohne Fett kurz anrösten. Den Zucchinisalat auf Tellern anrichten, mit den Haselnüssen bestreuen, mit der restlichen Minze garnieren und sofort servieren.

Tipp: Mischen Sie einige gegarte Kartoffelstücke unter den Salat.

Zutaten für 4 Personen
Für das Dressing
1 Knoblauchzehe
3 EL kalt gepresstes Olivenöl
1/2 EL Weißweinessig
1/2 EL Zitronensaft
1/2 TL frisch geriebener Ingwer
Salz
frisch gemahlener Pfeffer

Für den Salat
2 rosa Grapefruits
1 Kopfsalat
1 Avocado
2 EL Limettensaft
200 g gekochte, geschälte Garnelen
1 Prise Zimtpulver
1/2 TL brauner Rohrzucker
1 Prise frisch geriebene Muskatnuss

Außerdem
Knoblauchpresse

Grapefruitsalat

Für das Dressing den Knoblauch abziehen, pressen und mit Olivenöl, Essig, Zitronensaft und Ingwer verrühren. Mit Salz und Pfeffer würzen und abschmecken. Das Dressing 1 Stunde kalt stellen.

Für den Salat die Grapefruits schälen, die Filets mit einem scharfen Messer aus den Zwischenhäuten heraustrennen und in eine Schüssel geben. Den Salat putzen, waschen und größere Blätter klein zupfen. Den Salat auf 4 Tellern anrichten und mit etwas Dressing beträufeln. Die Avocado schälen, halbieren, entkernen und in schmale Spalten schneiden. Sofort mit dem Limettensaft beträufeln, damit sich das Fruchtfleisch nicht verfärbt und dann zu den Grapefruits geben.

Die Garnelen hinzufügen, mit Zimt, Rohrzucker und Muskatnuss würzen. Die restliche Vinaigrette dazugeben und das Ganze vorsichtig vermengen. Den Grapefruitsalat auf den Kopfsalatblättern anrichten.

Italienischer Bohnensalat

Zutaten für 4 Personen
300 g getrocknete, große, weiße Bohnen
Salz
2 rote Zwiebeln
je 5 grüne und schwarze Oliven
2 EL frisch gehackte, glatte Petersilie
3 EL kalt gepresstes Olivenöl
2 EL Zitronensaft
frisch gemahlener Pfeffer

Außerdem
Sieb

Die Bohnen über Nacht in kaltem Wasser einweichen, danach abspülen und in einen Topf geben. Mit kaltem Wasser auffüllen und Salz dazugeben. Die Bohnen aufkochen und bei schwacher Hitze in etwa 60 Minuten bissfest kochen. Anschließend abgießen und in einem Sieb abtropfen lassen.

Die Zwiebeln abziehen, in feine Ringe schneiden und 15 Minuten in kaltem Wasser einweichen. Danach abtropfen lassen und in eine Salatschüssel geben. Die Oliven und die Petersilie hinzufügen. Die Bohnen dazugeben und die Zutaten mischen.

Das Olivenöl mit dem Zitronensaft verrühren, mit Salz und Pfeffer würzen und unter den Salat ziehen. Den Bohnensalat 4 Stunden durchziehen lassen. Anschließend nochmals abschmecken.

Tipp: Schneller geht es, wenn bereits vorgegarte Bohnen aus der Dose verwendet werden.

Zutaten für 4 Personen
300 g geputzter Weißkohl
200 g geputzter Rotkohl
200 g Möhren
1 grüne Paprikaschote
1 kleine Zwiebel
50 g Salatmayonnaise
75 g Naturjoghurt
4 EL Weinessig
1 EL weißer Balsamicoessig
1/2 TL Senf
Honig
Salz
frisch gemahlener Pfeffer

Bunter Krautsalat

Den Weißkohl und den Rotkohl in feine Streifen schneiden. Die Möhren schälen, waschen und ebenfalls in feine Streifen schneiden. Die Paprikaschote halbieren, entkernen, die Trennwände entfernen, waschen und fein würfeln. Die Zwiebel abziehen und in feine Würfel schneiden. Das Gemüse in einer großen Schüssel miteinander vermischen.
Aus Mayonnaise, Joghurt, den beiden Essigsorten und Senf ein Dressing anrühren, mit Honig, Salz und Pfeffer würzig abschmecken. Das Dressing zum Gemüse geben und alles gut miteinander vermengen. Den Krautsalat 2 Stunden gut durchziehen lassen.

Tipp: Mischen Sie zusätzlich noch einen in Streifen geschnittenen Kohlrabi unter den Salat.

Zutaten für 4 Personen
3 Knoblauchzehen
3 Zwiebeln
2 Stangen Staudensellerie
100 g Zucchini
100 g grüne Bohnen
2 Möhren
2 Kartoffeln
50 g magerer Speck
2 EL kalt gepresstes Olivenöl
1,5 l Gemüsebrühe
2 EL Tomatenmark
2 EL geriebener Parmesan
1 Bund frisches Basilikum
100 g Tomaten
100 g Penne
Salz
frisch gemahlener Pfeffer

Sommer-Minestrone

Den Knoblauch und die Zwiebeln abziehen und fein würfeln. Sellerie, Zucchini und Bohnen waschen, putzen und in mundgerechte Stücke schneiden. Die Möhren waschen und putzen, die Kartoffeln schälen und alles in Würfel schneiden. Den Speck ebenfalls würfeln.

Das Olivenöl in einem Topf erhitzen und den Speck darin anbraten. Den Knoblauch und die Zwiebeln dazugeben und 2 Minuten mitdünsten. Sellerie, Möhren und Kartoffeln in den Topf geben und 2 Minuten mitbraten. Dann Bohnen und Zucchini hinzufügen und alles unter Rühren 5 Minuten schmoren lassen.

Mit der Gemüsebrühe ablöschen, Tomatenmark und Parmesan dazugeben und kurz aufkochen.

Das Basilikum waschen, trocken schütteln, die Blätter fein schneiden und zur Suppe geben. Zuletzt die Tomaten waschen, den Stielansatz entfernen, fein würfeln, in den Topf geben und alles 60 Minuten köcheln lassen. Danach die Penne in die Suppe geben, mit Salz und Pfeffer würzen und weitere 10 Minuten kochen.

Tipp: Beim Gemüse kann variiert und auf Parmesan kann verzichtet werden.

Zutaten für 4 Personen
700 g Hokkaido-Kürbis (entkernt und
von Fasern befreit)
200 g Porree
300 g Eiertomaten
2 EL kalt gepresstes Olivenöl
1 EL Currypulver
1,5 l Gemüsebrühe
Salz
frisch gemahlener Pfeffer

Außerdem
Stabmixer
4 EL frisch gehacktes Basilikum zum
Garnieren

Leichte Kürbissuppe

Das Kürbisfleisch in Würfel schneiden. Den Porree putzen, waschen, die dunkelgrünen Enden entfernen, längs halbieren und in kleine Stücke schneiden. Die Eiertomaten waschen, die Stielansätze entfernen, mit heißem Wasser übergießen und enthäuten. Das Fruchtfleisch von Kernen befreien und in Würfel schneiden.

Das Olivenöl in einem großen Topf erhitzen und den Porree darin anschwitzen, mit Currypulver bestäuben und in 10 Minuten weich dünsten. Mit der Gemüsebrühe ablöschen und aufkochen lassen. Den Kürbis und die Tomaten hinzufügen und alles wieder aufkochen lassen. Die Suppe zugedeckt bei mittlerer Hitze 20 Minuten köcheln lassen. Mit dem Stabmixer pürieren und mit Salz und Pfeffer würzig abschmecken. Die Suppe mit Basilikum bestreut servieren.

Tipp: Garnieren Sie die Suppe mit gehackter Petersilie oder Salbei statt mit Basilikum.

Zutaten für 4 Personen
2 Knoblauchzehen
2 Zwiebeln
3 Kartoffeln
3 Möhren
1 Stange Porree
3 Stangen Staudensellerie
3 Zucchini
3 geschälte Tomaten
4 EL Olivenöl
Salz
frisch gemahlener Pfeffer
1 1/2 l Gemüsebrühe
etwas Zitronensaft

Außerdem
3 EL frisch gehackte Petersilie zum
Bestreuen

Mediterrane Gemüsesuppe

Den Knoblauch abziehen und fein hacken. Die Zwiebeln abziehen und fein würfeln. Kartoffeln, Möhren, Porree und Staudensellerie schälen bzw. putzen, waschen und in Würfel schneiden. Die Zucchini waschen und in Scheiben schneiden. Die Tomaten waschen, die Stielansätze entfernen und grob würfeln.

Das Olivenöl in einem Topf erhitzen und Knoblauch und Zwiebeln darin glasig schwitzen. Das restliche Gemüse hinzufügen und 1–2 Minuten unter Rühren anbraten. Mit Salz und Pfeffer würzen und mit der Gemüsebrühe ablöschen. Bei mittlerer Hitze 30–40 Minuten köcheln lassen, bei Bedarf etwas Wasser hinzufügen. Mit Zitronensaft, Salz und Pfeffer abschmecken und mit der gehackten Petersilie bestreut servieren.

Zutaten für 4 Personen
2 Salatgurken
1–2 Knoblauchzehen
250 g Naturjoghurt
Salz
frisch gemahlener Pfeffer

Außerdem
Stabmixer
4 frische Minzzweige zum Garnieren
Eiswürfel

Eisgekühlte Gurkensuppe

Die Gurken schälen, längs halbieren und entkernen. Das Fruchtfleisch würfeln und in eine Schüssel geben. Den Knoblauch abziehen, fein hacken und hinzufügen. Das Ganze mit dem Stabmixer pürieren. Den Joghurt unterrühren. So viel Wasser dazugeben, bis die Suppe eine leicht cremige Konsistenz annimmt. Mit Salz und Pfeffer würzen. Die Suppe für ca. 60 Minuten in den Kühlschrank stellen.
Kurz vor dem Servieren die Minze waschen, trocken schütteln, die Blätter von den Zweigen zupfen und klein hacken. 1–2 Eiswürfel in Suppenschalen oder Teller geben, die Gurkensuppe einfüllen und mit der gehackten Minze garnieren.

Tipp: Garnieren Sie die Suppe mit einigen Gurkenscheiben und verwenden Sie statt der Minze frische Dillspitzen.

Brokkolisuppe mit Lachstatar

Zutaten für 4 Personen
2 Schalotten
1 Knoblauchzehe
500 g Brokkoli
2 Kartoffeln
2 EL kalt gepresstes Olivenöl
1 l Gemüsebrühe
100 g Sahne
Salz
frisch gemahlener Pfeffer
frisch geriebene Muskatnuss
100 g Räucherlachs

Außerdem
Knoblauchpresse
Stabmixer
frische Schnittlauchröllchen zum Garnieren

Die Schalotten und den Knoblauch abziehen, die Schalotten fein hacken, den Knoblauch durch eine Presse geben. Den Brokkoli putzen, waschen und in kleine Röschen teilen. Die Stiele schälen und fein würfeln. Die Kartoffeln waschen, schälen und ebenfalls fein würfeln. Das Olivenöl in einem großen Topf erhitzen und die Schalotten und den Knoblauch darin 2 Minuten unter Rühren andünsten. Brokkoli und Kartoffeln hinzufügen und 2 Minuten mitdünsten. Mit Gemüsebrühe ablöschen, die Sahne hinzufügen und das Ganze zugedeckt etwa 10 Minuten köcheln lassen. Die Suppe mit Salz, Pfeffer und Muskatnuss würzen und mit dem Stabmixer fein pürieren. Den Lachs ebenfalls kurz pürieren.
Die Suppe mit dem Lachstatar anrichten und mit Schnittlauchröllchen garnieren.

Zutaten für 4 Personen
500 g Fenchel
100 g Kartoffeln
100 g Schalotten
3 EL kalt gepresstes Olivenöl
1 EL Currypulver
1 Lorbeerblatt
250 ml trockener Weißwein
450 ml Gemüsebrühe
100 g Sahne
Salz
frisch gemahlener Pfeffer
2 EL Anislikör

Außerdem
Stabmixer

Fenchelsuppe

Den Fenchel putzen, das Grün abzupfen, grob hacken und beiseitelegen. Die Fenchelstiele in feine Scheiben schneiden und beiseitestellen, die Fenchelknolle in kleine Würfel schneiden. Die Kartoffeln schälen und fein würfeln. Die Schalotten abziehen und fein hacken. 1 EL vom Olivenöl in einem Topf erhitzen und die Schalotten darin glasig schwitzen. Fenchelwürfel und Kartoffeln dazugeben und kurz mitdünsten. Mit dem Currypulver bestreuen, das Lorbeerblatt dazugeben, alles gut durchrühren und kurz anschwitzen. Mit dem Weißwein ablöschen und mit der Gemüsebrühe auffüllen. Die Sahne unterrühren und die Suppe etwa 30 Minuten sanft köcheln lassen. In der Zwischenzeit das restliche Olivenöl erhitzen und die Fenchelstielscheiben darin 2–3 Minuten dünsten. Mit Salz und Pfeffer würzen. Das Lorbeerblatt entfernen und die Suppe mit dem Stabmixer pürieren. Wieder aufkochen lassen und mit dem Anislikör abschmecken. Die Suppe auf Tellern anrichten, mit den gebratenen Fenchelstielscheiben garnieren und mit dem Fenchelgrün dekorieren.

Tipp: Auf den Anislikör kann verzichtet werden.

Zutaten für 4 Personen
1 1/2 dünne Stangen Porree
250 g Tofu
800 ml Dashi-Brühe
80 g rote Misopaste

Außerdem
Sieb

Misosuppe

Den Porree putzen, waschen, längs halbieren und in Ringe schneiden. Den Tofu würfeln. Die Dashi-Brühe in einen Topf geben und erhitzen (nicht aufkochen). Die Misopaste durch ein Sieb direkt in die Brühe passieren. Mit einem Schneebesen verrühren.
Die Tofuwürfel und den Porree hinzufügen und ca. 1 Minute in der heißen Brühe ziehen lassen. Die Suppe in Schälchen oder Suppenteller füllen und sofort servieren.

Tipp: Man kann die Misosuppe mit frischem Ingwer, Shiitake-Pilzen oder einem anderen Gemüse verfeinern.

Zutaten für 4 Personen
400 g Möhren
150 g mehligkochende Kartoffeln
200 g Zwiebeln
2 EL kalt gepresstes Olivenöl
2 Stück Sternanis
200 ml trockener Weißwein
300 ml Möhrensaft
750 ml Gemüsebrühe
Salz
frisch gemahlener Pfeffer
100 g Ziegenkäserolle
250 g grüner Spargel
2 EL kalt gepresstes Olivenöl

Außerdem
Stabmixer

Möhrensuppe

Die Möhren und die Kartoffeln schälen, waschen und beides in kleine Würfel schneiden. Die Zwiebeln abziehen und fein würfeln. Das Öl in einem großen Topf erhitzen und die Zwiebeln darin glasig anschwitzen. Die Kartoffelwürfel, die Möhren und den Sternanis dazugeben und kurz mitdünsten. Mit Wein ablöschen und mit Möhrensaft und Gemüsebrühe auffüllen. Mit etwas Salz und Pfeffer würzen und die Suppe etwa 30 Minuten köcheln lassen. Den Ziegenkäse in kleine Stückchen hacken. Den Spargel waschen, im unteren Drittel schälen und die holzigen Enden entfernen. Die Spargelspitzen abschneiden und die Stangen der Länge nach erst in schmale Scheiben schneiden, dann quer halbieren und in dünne Streifen schneiden.
Das Olivenöl in einer Pfanne erhitzen und die Spargelköpfe und -streifen darin 4–5 Minuten dünsten. Den Sternanis aus der Suppe entfernen und diese mit dem Stabmixer fein pürieren. Aufkochen lassen, mit etwas Salz und Pfeffer abschmecken und in tiefen Tellern anrichten. Mit dem gedünsteten Spargel garnieren und mit dem Ziegenkäse dekorativ bestreut servieren.

Zutaten für 4 Personen
300 g junger Blattspinat
2 Knoblauchzehen
1 Stück frischer Ingwer (ca. 2 cm)
1 EL kalt gepresstes Olivenöl
1 TL Kurkumapulver
1 TL Korianderpulver
1 TL Kreuzkümmelpulver
1 Prise Chilipulver
1 l Gemüsebrühe
100 g Sahne
Salz
frisch gemahlener Pfeffer
4 Zwiebeln
2 EL kalt gepresstes Olivenöl

Außerdem
Sieb

Spinatsuppe mit Röstzwiebeln

Den Spinat putzen, waschen und in einem Sieb abtropfen lassen. Den Knoblauch abziehen, den Ingwer schälen und beides fein hacken. Das Öl in einem Topf erhitzen und den Knoblauch und den Ingwer darin anschwitzen. Den Spinat hinzufügen und kurz mitandünsten. Mit Kurkuma-, Koriander-, Kreuzkümmel- und Chilipulver würzen. Mit der Brühe ablöschen, die Sahne dazugeben und mit Salz und Pfeffer würzen. Zugedeckt die Suppe 20 Minuten sanft köcheln lassen. Die Zwiebeln abziehen und in Ringe schneiden. Das Öl in einer Pfanne erhitzen und die Zwiebelringe goldbraun braten. Die Suppe nochmals abschmecken, in Schalen oder Teller füllen und mit den Zwiebelringen garniert servieren.

Tipp: Sie können statt Blattspinat auch Mangoldblätter verwenden.

Zutaten für 4 Personen
100 g Kochschinken
1 Zwiebel
1 Kartoffel
1 kleine Stange Porree
2 Möhren
50 g Sellerie
1 EL kalt gepresstes Olivenöl
1 l Gemüsebrühe
50 g Perlgraupen
Salz
frisch gemahlener Pfeffer

Perlgraupensuppe

Den Kochschinken in kleine Würfel schneiden. Die Zwiebel abziehen und ebenfalls fein würfeln. Die Kartoffel schälen, waschen und würfeln. Den Porree putzen, längs halbieren, waschen und in feine Ringe schneiden, die Möhren und den Sellerie schälen und ebenfalls fein würfeln. Das Öl in einem Topf erhitzen und den Schinken und die Zwiebeln kurz darin anschwitzen. Mit der Brühe ablöschen und die Graupen unterrühren. Die Suppe aufkochen und 20 Minuten sanft köcheln lassen, dann die vorbereiteten Gemüsewürfel hinzufügen und die Suppe weitere 20 Minuten köcheln lassen. Mit Salz und Pfeffer abschmecken.

Tipp: Reichern Sie die Suppe mit frischen, gehackten Kräutern an, etwa mit Petersilie, Dill oder Schnittlauch. Zusätzlich Wirsingwürfel in die Suppe geben.

Hauptgerichte

Fleisch oder Fisch spielen hier nicht die Haupt-, sondern die Nebenrolle. Köstliche, sättigende Hauptgerichte, die vor allem Gemüse enthalten, stehen jetzt auf dem Speiseplan. Sie sind so gesund, dass sich ein paar Nudeln oder eine Handvoll Reis gern dazugesellen dürfen.

Zutaten für 4 Personen
1,5 kg reife Tomaten
2 EL kalt gepresstes Olivenöl
2 Knoblauchzehen
Salz
frisch gemahlener Pfeffer
400 g Spaghetti
1 Bund Basilikum

Außerdem
Knoblauchpresse
Sieb
1 TL Parmesan

Spaghetti mit frischer Tomatensauce

Die Tomaten 1 Minute in heißes Wasser legen, herausnehmen, kalt abschrecken und die Haut abziehen. Die Tomaten halbieren, entkernen und in Würfel schneiden. Das Olivenöl in einem Topf erhitzen. Den Knoblauch abziehen und durch eine Presse in den Topf geben. Den Knoblauch anschwitzen, dann die Tomatenwürfel hinzufügen. Mit Salz und Pfeffer würzen und bei schwacher Hitze 10–15 Minuten einköcheln lassen.

In der Zwischenzeit die Spaghetti nach Packungsangabe bissfest kochen und durch ein Sieb abgießen. Ist die Tomatensauce zu dick, etwas von dem Nudelkochwasser unterrühren. Die Spaghetti in eine Schüssel geben.

Das Basilikum waschen, trocken schütteln, die Blätter abzupfen und grob hacken. Das Basilikum in die Sauce geben, nochmals abschmecken und die Spaghetti damit überziehen. Sofort servieren.

Tipp: Zusätzlich zu den Tomaten sehr klein geschnittene Pilze mit andünsten. Die Zugabe von Parmesan kann entfallen. Statt Basilikum glatte Petersilie verwenden.

Makkaroni mit Steinpilzen

Zutaten für 4 Personen
300 g Steinpilze
2 Knoblauchzehen
2 EL kalt gepresstes Olivenöl
1 Bund frische, glatte Petersilie
Salz
frisch gemahlener Pfeffer
400 g Makkaroni

Außerdem
Knoblauchpresse
Sieb

Die Steinpilze mit einem feuchten Tuch säubern und die Stielenden abschneiden. Die Pilze in Scheiben schneiden. Den Knoblauch abziehen und durch die Presse drücken.

Das Öl in einem Topf erhitzen und den Knoblauch darin goldgelb braten. Die Steinpilze hinzufügen und 2–3 Minuten mitbraten. Die Petersilie waschen, trocken schütteln, die Blätter von den Zweigen zupfen, fein hacken und dazugeben.

Mit Salz und Pfeffer würzen. Die Makkaroni nach Packungsangabe bissfest garen, durch ein Sieb abgießen und zu den Pilzen geben. Alles gut miteinander vermischen, nochmals abschmecken und servieren.

Tipp: Nach Belieben noch einige gewürfelte Tomaten hinzufügen und je nach Geschmack mit klein gehackten Mandeln bestreuen.

Erbsen-Kartoffel-Ragout

Zutaten für 4 Personen
500 g TK-Erbsen
400 g Kartoffeln
1/2 Bund Frühlingszwiebeln
1 Bund Dill
2 EL kalt gepresstes Olivenöl
Salz
frisch gemahlener Pfeffer
400 g geschälte Tomaten in
Stücken (Dose)
1 EL getrockneter Oregano

Außerdem
Sieb

Die tiefgefrorenen Erbsen in ein Sieb geben, auftauen und abtropfen lassen. Die Kartoffeln waschen, schälen und in 3 cm große Würfel schneiden. Die Frühlingszwiebeln putzen und die Zwiebeln mit dem hellgrünen Lauch in schmale Ringe schneiden. Den Dill waschen, trocken schütteln, die Spitzen abziehen und fein hacken.

Das Olivenöl in einem ofenfesten Topf erhitzen und die Frühlingszwiebeln darin kurz anschwitzen. Die Kartoffeln dazugeben und 5 Minuten von allen Seiten anbraten. Mit Salz und Pfeffer würzen. Erbsen, Dill, Tomaten und Oregano hinzufügen. Das Ganze mit Wasser auffüllen, sodass das Gemüse knapp damit bedeckt ist.

Den Topf in den vorgeheizten Backofen geben und das Ragout bei 180 Grad 35–40 Minuten garen lassen. Das Wasser sollte völlig eingekocht sein.

Tipp: Statt Erbsen ein anderes frisches Gemüse verwenden, etwa klein geschnittenen Wirsing. Dann das Ragout zusätzlich mit gemahlenem Kreuzkümmel oder einer Prise frisch geriebenem Muskat würzen.

Zucchiniküchlein

Zutaten für 4 Personen
550 g Zucchini
250 g Kartoffeln
200 g Zwiebeln
2 Eier
4–5 EL Weizen- oder
Buchweizenmehl
4–5 EL Paniermehl
6 EL frisch gehackte Petersilie
Salz
frisch gemahlener Pfeffer

Außerdem
Küchenpapier
Haushaltsreibe
Sonnenblumenöl zum Ausbacken

Die Zucchini waschen, trocken tupfen, die Enden abschneiden und auf der Haushaltsreibe grob reiben. Die Kartoffeln schälen, waschen, trocken tupfen und ebenfalls grob reiben. Die Zwiebeln abziehen und in feine Würfel schneiden.

Zucchini, Kartoffeln und Zwiebeln in eine Schüssel geben und mit Eiern, Mehl, Paniermehl und Petersilie zu einer homogenen Masse kneten. Der Teig sollte eine ähnliche Konsistenz haben wie Reibekuchenteig. Mit Salz und Pfeffer würzen.

In einer Pfanne reichlich Öl erhitzen und je eine kleine Kelle Teig hineingeben, flach drücken und die Puffer portionsweise von beiden Seiten goldgelb ausbacken. Sofort servieren.

Tipp: Dazu jeweils einen Klecks Naturjoghurt reichen. Zu diesem Rezept passen sowohl grüne als auch gelbe Zucchini.

Zutaten für 4 Personen
2 Zwiebeln
2 Möhren
je 1 rote und grüne Paprikaschote
1 Knoblauchzehe
140 g Mais (Dose)
225 g Kidneybohnen (Dose)
3 EL kalt gepresstes Olivenöl
1 TL Chilipulver
1 TL Kreuzkümmelpulver
1 TL getrockneter Oregano
1 Prise Cayennepfeffer
Salz
8 Weizen- oder Buchweizentortillas

Außerdem
Haushaltsreibe
Knoblauchpresse
Sieb

Gemüse-Burritos

Die Zwiebeln abziehen und in Würfel schneiden, die Möhren schälen und auf einer Haushaltsreibe grob raspeln. Die Paprikaschoten halbieren, entkernen, die Trennwände entfernen, waschen und in Würfel schneiden. Den Knoblauch abziehen und durch eine Presse geben. Den Mais und die Bohnen abgießen und in einem Sieb abtropfen lassen. Das Olivenöl in einer großen Pfanne erhitzen und die Möhren darin 5 Minuten unter Rühren dünsten. Die Zwiebeln und den Knoblauch hinzufügen und mitanbraten. Die Paprikaschoten in die Pfanne geben und das Gemüse mit Chilipulver, Kreuzkümmelpulver, Oregano, Cayennepfeffer und Salz würzen. Das Ganze weitere 5 Minuten garen. Den Mais und die Bohnen hinzufügen und 10 Minuten mitbraten. In einer separaten Pfanne die Tortillas von beiden Seiten kurz anbraten. Das Gemüse würzig abschmecken, portionsweise auf die Tortillas geben und servieren.

Tipp: Mit einem Klecks Naturjoghurt servieren.

Zutaten für 4 Personen
2 Kartoffeln
2 Möhren
2 Zucchini
1 Stange Porree
2 Knoblauchzehen
50 g Zwiebeln
1 EL kalt gepresstes Olivenöl
Salz
frisch gemahlener Pfeffer
1 TL rosenscharfes Paprikapulver
4 Eier
300 g Tomaten
1/2 Bund frisches Basilikum oder frische, glatte Petersilie
1 EL kalt gepresstes Olivenöl

Außerdem
Haushaltshobel
Rührbecher
Stabmixer

Gemüse-Tortilla

Die Kartoffeln schälen, waschen und in dünne Scheiben hobeln. Die Möhren und die Zucchini waschen, putzen und ebenfalls in Scheiben hobeln. Den Porree längs halbieren, waschen und in schmale Ringe schneiden. Den Knoblauch und die Zwiebeln abziehen und fein hacken. Das Öl in einer ofenfesten Pfanne erhitzen und die Zwiebeln und den Knoblauch darin bei mittlerer Hitze glasig dünsten. Das Gemüse dazugeben und 15 Minuten unter gelegentlichem Rühren dünsten. Mit Salz und Pfeffer würzen, mit dem Paprikapulver bestreuen und mischen. Die Eier in einen Rührbecher aufschlagen, gut verquirlen und mit wenig Salz und Pfeffer würzen. In die Pfanne geben und 2 Minuten bei mittlerer Hitze etwas stocken lassen. Im auf 180 Grad vorgeheizten Backofen auf der mittleren Schiene 15 Minuten backen.
Die Tomaten waschen und vierteln. Das Basilikum oder die Petersilie waschen, trocken schütteln, die Blätter von den Zweigen zupfen und fein hacken. Anschließend mit dem Olivenöl, Salz und Pfeffer pürieren und über die Tomatenstücke geben. Zur Tortilla servieren.

Tipp: Die Tortilla schmeckt auch mit anderem Gemüse, etwa mit Kohlrabi, Erbsen, Mais oder Kürbis.

Zutaten für 4 Personen
200 g Chinakohl
200 g Möhren
200 g Brokkoli
200 g grüner Spargel
100 g Mungobohnensprossen
2 Schalotten
1 Knoblauchzehe
1 Stück Ingwer (ca. 2 cm)
2 EL Sonnenblumenöl
Salz
2 EL Gemüsebrühe
1 EL Honig oder Fruchtsüße
1 EL Sherry
2 EL Sojasauce
2 EL Sesamöl

Außerdem
Küchenpapier
Wok mit Deckel
2 EL frisch gehackter Koriander zum
Bestreuen

Gemüse aus dem Wok

Den Chinakohl putzen, waschen und in schmale Streifen schneiden. Die Möhren schälen und schräg in 1/2 cm dicke Scheiben schneiden. Den Brokkoli putzen, waschen und in kleine Röschen zerteilen, den Stiel schälen und würfeln. Den Spargel im unteren Drittel schälen, die holzigen Enden abschneiden und die Stangen in 4 cm lange Stücke schneiden.

Die Sprossen kalt abspülen und trocken tupfen. Die Schalotten abziehen und fein würfeln. Den Knoblauch abziehen, den Ingwer schälen und beides fein hacken. Das Öl im Wok erhitzen, Schalotten, Knoblauch, Ingwer und eine Prise Salz hineingeben. Unter ständigem Rühren 1 Minute braten. Möhren, Brokkoli und Spargel hinzufügen und 1 weitere Minute anbraten. Die Gemüsebrühe dazugeben, den Wok mit einem Deckel verschließen und das Gemüse 5 Minuten garen. Chinakohl, Sprossen, Honig oder Fruchtsüße und Sherry hinzufügen und unter ständigem Rühren nochmals 3–4 Minuten garen. Mit Sojasauce und Sesamöl würzen, abschmecken und sofort mit Koriander bestreut servieren.

Gefüllte Paprika und Tomaten

Zutaten für 4 Personen
4 große Fleischtomaten
4 große, grüne Paprikaschoten
Salz
frisch gemahlener Pfeffer
2 Zwiebeln
1/2 Bund frische, glatte Petersilie
je 3 Dill- und Minzezweige
600 g Kartoffeln
kalt gepresstes Olivenöl
1 EL Tomatenmark
200 g Langkornreis
2 TL getrockneter Oregano
1/2 TL Honig oder Fruchtsüße
150 ml Tomatensaft
150 ml Gemüsebrühe

Außerdem
Sieb
Auflaufform

Die Tomaten und die Paprikaschoten waschen, am Stielende jeweils einen Deckel abschneiden und beiseitelegen. Die Paprikaschoten durch die Öffnung vorsichtig entkernen und die Scheidewände entfernen, die Tomaten mit einem Löffel aushöhlen und das Fruchtfleisch durch ein Sieb streichen. Die Tomaten und Paprika innen mit Salz und Pfeffer würzen. Die Zwiebeln abziehen und in feine Würfel schneiden. Petersilie, Dill und Minze waschen, trocken schütteln, Blätter und Spitzen abzupfen und fein hacken. Die Kartoffeln schälen und in grobe Würfel schneiden.

Etwas Olivenöl in einem Topf erhitzen und die Zwiebeln darin glasig dünsten, das Tomatenmark und das ausgelöste Tomatenfleisch hinzufügen. Vom Herd nehmen, Reis, Petersilie, Dill, Minze und die Hälfte des Oregano unterrühren und die Masse mit Honig oder Fruchtsüße, Salz und Pfeffer kräftig abschmecken.

Die Tomaten und Paprika mit der Öffnung nach oben in eine Auflaufform setzen und mit der Reismasse füllen. Mit je 1 TL Olivenöl beträufeln und die Deckel auf das Gemüse setzen. Die Kartoffelwürfel dazwischenlegen, salzen, pfeffern und mit dem restlichen Oregano bestreuen. Mit etwas Olivenöl beträufeln und mit dem Tomatensaft und der Gemüsebrühe auffüllen. Im vorgeheizten Backofen bei 180 Grad 90 Minuten garen, eventuell Brühe nachgießen.

Tipp: Geben Sie zusätzlich zu den Kartoffeln gewürfelte Pilze mit in die Auflaufform.

Zutaten für 4 Personen
500 g Fenchelknollen
2 Schalotten
1 Knoblauchzehe
2 EL kalt gepresstes Olivenöl
125 ml trockener Weißwein
2 Thymianzweige
1 Rosmarinzweige
Saft von 1/2 Zitrone
Salz
frisch gemahlener weißer Pfeffer
1 Lorbeerblatt
200 ml Gemüsebrühe
10 schwarze Oliven

Gebackener Fenchel

Die Fenchelknollen putzen, die Stielansätze entfernen, das Fenchelkraut abschneiden und beiseitelegen. Die Knollen je nach Größe längs vierteln oder achteln. Die Schalotten und den Knoblauch abziehen und fein würfeln.

Das Öl in einem Bratentopf erhitzen und die Schalotten und den Knoblauch darin glasig dünsten. Die Fenchelstücke nebeneinander darauf anordnen und mit dem Wein ablöschen. Thymian und Rosmarin waschen, trocken schütteln, die Blätter und Nadeln abzupfen, etwas zerkleinern und dazugeben. Mit Zitronensaft, Salz, Pfeffer und Lorbeerblatt würzen. Mit Gemüsebrühe aufgießen und in den vorgeheizten Backofen geben. Bei 200 Grad 40 Minuten garen, bis der Fenchel weich ist.

Die Oliven halbieren, entsteinen und vierteln. Das Fenchelgrün fein hacken. Den Bräter aus dem Ofen nehmen, den Fenchel herausnehmen und warm stellen. Die Sauce bei hoher Hitze einkochen lassen und nochmals abschmecken. Den Fenchel auf einer Platte anrichten, mit den Oliven und dem Fenchelgrün bestreuen und mit der Sauce überziehen.

Tipp: Servieren Sie dazu Kartoffeln.

Indischer Gemüsetopf

Zutaten für 4 Personen
150 g Kartoffeln
150 g Möhren
150 g grüne Bohnen
150 g TK-Erbsen
Salz
3 kleine Tomaten
2 Schalotten
3 EL frische Kokosraspel
1 TL Kurkumapulver
1 Msp. Korianderpulver
3 EL kalt gepresstes Olivenöl
1 EL Sojamehl
1 TL Honig oder Fruchtsüße
1 TL Limettensaft
Cayennepfeffer

Außerdem
Sieb
2 EL frisch gehackter Koriander zum Bestreuen

Die Kartoffeln und Möhren schälen, waschen und in 2 cm große Würfel schneiden. Die Bohnen waschen, die Enden abschneiden und in 4 cm lange Stücke schneiden. Die Erbsen auftauen und abtropfen lassen. Kartoffeln, Möhren, Bohnen und Erbsen nacheinander in kochendem Salzwasser bissfest garen. Anschließend abtropfen lassen. Die Tomaten waschen, vierteln, die Stielansätze entfernen und in 2 cm große Würfel schneiden. Die Schalotten abziehen und fein würfeln.

Die Kokosraspel mit Kurkuma und Koriander in einer Pfanne ohne Fett 1 Minute rösten, dann beiseitestellen.

Das Öl in einer Pfanne erhitzen und die Schalotten darin unter Rühren goldgelb anschwitzen. Die Tomaten dazugeben und unter Rühren ebenfalls einige Minuten dünsten. Kartoffeln, Möhren, Bohnen und Erbsen hinzufügen und unterheben. Das Sojamehl mit etwas Wasser verrühren und unterziehen. Alles aufkochen und sanft köcheln lassen, bis das Gericht etwas andickt.

Die gerösteten Kokosraspel unterrühren und den indischen Gemüsetopf mit Honig oder Fruchtsüße, Limettensaft, Salz und Cayennepfeffer würzen und abschmecken. Mit frischem Koriander bestreut servieren.

Tipp: Nach Belieben einige frische, klein gewürfelte Aprikosen oder gewürfelte, getrocknete Feigen unter den Eintopf rühren.

Kichererbsen-Champignon-Topf

Zutaten für 4 Personen
400 g gekochte Kichererbsen (Dose)
200 g frische, kleine Champignons
4 Tomaten
3 Schalotten
1 Knoblauchzehe
1 Stück Ingwer (ca. 2,5 cm)
4 EL kalt gepresstes Olivenöl
3 EL Tomatenmark
1 EL Kreuzkümmelpulver
1 TL Kurkumapulver
1/2 TL edelsüßes Paprikapulver
Salz
500 ml heiße Gemüsebrühe

Außerdem
Sieb
Knoblauchpresse
Haushaltsreibe
2 EL Schnittlauchröllchen zum Bestreuen

Die Kichererbsen abgießen, kalt abspülen und in einem Sieb abtropfen lassen. Die Champignons putzen und halbieren oder vierteln. Die Tomaten kurz in kochendes Wasser legen, herausnehmen, kalt abschrecken, die Haut abziehen und die Stielansätze herausschneiden. Die Tomaten grob hacken. Die Schalotten abziehen und fein würfeln. Den Knoblauch abziehen und den Ingwer schälen. Den Knoblauch durch die Presse drücken, den Ingwer fein reiben. Das Öl in einer Pfanne erhitzen und die Schalotten darin kräftig anbraten. Knoblauch und Ingwer hinzufügen und kurz mitbraten. Das Tomatenmark einrühren und kurz anrösten, dann die gehackten Tomaten unterrühren. Alles 5 Minuten bei schwacher Hitze köcheln lassen. Kreuzkümmel, Kurkuma und Paprikapulver hinzufügen und mit Salz würzen. Die Champignons dazugeben und das Ganze nochmals 5 Minuten köcheln lassen.
Die Kichererbsen und die Gemüsebrühe hinzufügen und weitere 5 Minuten köcheln lassen. Mit Salz abschmecken und mit Schnittlauch bestreut servieren.

Tipp: Dieses Gericht lässt sich sehr lecker mit in Würfel oder Streifen geschnittenem Tofu ergänzen.

Mexikanischer Maisauflauf

Zutaten für 4 Personen
400 g frischer Mais
2 Zwiebeln
2 Knoblauchzehen
je 2 rote und grüne Paprikaschoten
4 Tomaten
3 EL kalt gepresstes Olivenöl
3 Eier
3 EL Weizen- oder Buchweizenmehl
1 TL Honig oder Fruchtsüße
Salz
1 Msp. Cayennepfeffer
1 Msp. Chilipulver

Außerdem
Sieb
Knoblauchpresse
Stabmixer

Den Mais in einem Sieb gut abtropfen lassen. Die Zwiebeln abziehen und fein würfeln. Den Knoblauch abziehen und durch die Presse drücken. Die Paprikaschoten halbieren, entkernen, die Trennwände entfernen, waschen und in Würfel schneiden. Die Tomaten waschen, halbieren und würfeln.

Die Auflaufform mit 1 EL Öl ausfetten. Das restliche Öl in einem Topf erhitzen, Zwiebeln, Knoblauch und Paprika darin 5 Minuten unter gelegentlichem Rühren anschwitzen. Den Mais mit dem Stabmixer pürieren. Die Eier verquirlen, das Maispüree mit dem Mehl und dem Paprikagemüse unterheben. Das Ganze mit Honig oder Fruchtsüße, Salz, Cayennepfeffer und Chilipulver würzig abschmecken und in die Auflaufform füllen. Im vorgeheizten Backofen bei 200 Grad 40 Minuten backen.

Tipp: Reichern Sie den Auflauf mit frisch gehackten Kräutern, z. B. Petersilie oder Schnittlauch an.

Zutaten für 4 Personen
1 kg Süßkartoffeln
kalt gepresstes Olivenöl
2 EL abgeriebene Schale von
1 unbehandelten Zitrone
Salz
1 Msp. edelsüßes Paprikapulver
1 Msp. Ingwerpulver
4 EL Ahornsirup
1 EL Zitronensaft

Außerdem
Auflaufform

Süßkartoffelgratin

Die Süßkartoffeln gründlich waschen und mit Schale in kochendem Wasser 15 Minuten garen. Anschließend abgießen, abkühlen lassen, schälen und in Scheiben schneiden.

Die Auflaufform mit etwas Öl einfetten. Die Kartoffelscheiben in mehreren Lagen einschichten. Die Zitronenschale, Salz, Paprika- und Ingwerpulver mischen und jede Lage damit würzen. Den Ahornsirup und den Zitronensaft verrühren und die oberste Lage damit beträufeln. Die Süßkartoffelscheiben mit etwas Olivenöl beträufeln und das Ganze im vorgeheizten Backofen bei 200 Grad 20 Minuten backen. Sofort servieren.

Tipp: Servieren Sie den Auflauf mit frisch gehackten Kräutern bestreut.

Zutaten für 4 Personen
500 g Tofu
200 g Champignons
200 g Austernpilze
2–3 Knoblauchzehen
1 Stück frischer Ingwer (ca. 2 cm)
1 Bund Frühlingszwiebeln
3 EL kalt gepresstes Olivenöl
125 ml Gemüsebrühe
4 EL Sojasauce
4 EL Reiswein
3 EL Austernsauce
1 EL Sesamöl
Salz
frisch gemahlener Pfeffer

Außerdem
Küchenpapier
Schaumkelle

Tofu-Pilz-Pfanne

Den Tofu trocken tupfen und in 2 cm große Würfel schneiden. Die Champignons und die Austernpilze putzen, die Champignons in Scheiben schneiden, die Austernpilze achteln. Den Knoblauch abziehen, den Ingwer schälen und beides fein hacken. Die Frühlingszwiebeln putzen und mit dem hellgrünen Lauch in feine Ringe schneiden. Das Öl in einer tiefen Pfanne oder in einem Wok erhitzen und den Tofu darin in 3–4 Minuten goldgelb frittieren. Mit einer Schaumkelle herausnehmen und auf Küchenpapier abtropfen lassen. Den Knoblauch, den Ingwer und die Frühlingszwiebeln in die Pfanne oder den Wok geben und darin anschwitzen. Die Champignons und die Austernpilze dazugeben und unter ständigem Rühren 4 Minuten braten. Mit der Gemüsebrühe auffüllen, die Sojasauce, den Reiswein und die Austernsauce hinzufügen. Den Tofu unterheben und das Ganze zugedeckt 5 Minuten köcheln lassen. Zum Schluss das Sesamöl hinzufügen, evtl. mit Salz und Pfeffer abschmecken.

Tipp: Zusätzliche frische Kräuter unterheben. Servieren Sie dazu Kartoffeln.

Zutaten für 4 Personen
1–2 EL Sesamkörner
200 g Zuckerschoten
200 g Austernpilze
100 g Chinakohl
100 g Maiskörner (Dose)
4 Frühlingszwiebeln
1 rote Paprikaschote
2 EL Sonnenblumenöl
3 EL Gemüsebrühe
3 EL Sojasauce
2 EL Sesamöl
400 g gekochter Reis
Salz

Außerdem
Sieb

Reispfanne mit Sesam

Den Sesam in einer Pfanne ohne Fett goldbraun rösten und beiseitestellen. Die Zuckerschoten waschen und schräg halbieren. Die Austernpilze putzen und in Streifen schneiden. Den Chinakohl waschen und in Streifen schneiden. Die Maiskörner abgießen und abtropfen lassen. Die Frühlingszwiebeln putzen, waschen und mit dem hellgrünen Lauch in Ringe schneiden. Die Paprika halbieren, entkernen, die Trennwände entfernen, waschen und in Streifen schneiden. Das Öl in einer Pfanne oder einem Wok erhitzen, die Zuckerschoten, die Austernpilze, den Chinakohl, die Paprika und die Frühlingszwiebeln hineingeben und unter Rühren 4–5 Minuten kräftig braten. Die Gemüsebrühe (oder Wasser), die Sojasauce und das Sesamöl dazugeben und unterrühren. Den Mais und den Reis hinzufügen, unterheben und das Reisgemüse mit Salz abschmecken. Mit den gerösteten Sesamkörnern bestreut servieren.

Tipp: Der Gemüsereis lässt sich wunderbar mit frischen, gehackten Kräutern nach Wahl basenbildend verfeinern.

Zutaten für 4 Personen
300 g grüner Spargel
200 g braune Champignons
2 rote Zwiebeln
100 g Kirschtomaten
1 l heiße Gemüsebrühe
je 1/2 TL gerebelter Oregano und gerebeltes Basilikum
2 EL kalt gepresstes Olivenöl
250 g Risottoreis
Salz
2 EL geriebener Pecorino
50 g Sahne
frisch gemahlener Pfeffer
Saft von 1/2 Limette

Risotto mit Sommergemüse

Den Spargel waschen, im unteren Drittel, die holzigen Enden entfernen und die Stangen in mundgerechte Stücke schneiden, dabei die Köpfe etwas länger lassen. Die Champignons putzen und in Scheiben schneiden. Die Zwiebeln abziehen, halbieren und in feine Würfel schneiden. Die Tomaten waschen, die Stielansätze herausschneiden und halbieren. Die Brühe, den Oregano und das Basilikum verrühren. Etwa 100 ml Brühe abnehmen und zusammen mit dem Spargel und den Champignons in einem kleinen Topf kurz aufkochen, dann zugedeckt beiseitestellen. In einem Topf das Öl erhitzen und die Zwiebelwürfel anbraten. Den Reis und etwas Salz hinzufügen und 1–2 Minuten glasig dünsten. Etwas Gemüsebrühe dazugeben, immer wieder umrühren. Sobald die Flüssigkeit aufgesogen ist, wieder etwas Brühe dazugießen. Das Risotto insgesamt etwa 20 Minuten garen lassen. Kurz vor Ende der Garzeit den Spargel und die Champignons, die Tomaten, den Käse und die Sahne unter den Reis heben. Das Risotto mit Pfeffer, Limettensaft und Salz abschmecken und sofort anrichten.

Tipp: Das Risotto schmeckt auch mit weißem Spargel und anderen frischen Kräutern.

Zutaten für 4 Personen

Für die Erdbeeren
400 g Erdbeeren
1 Bund frisches Basilikum
Saft von je 1 Zitrone und Orange
1 TL Honig oder Fruchtsüße
frisch gemahlener Pfeffer

Für den Minzjoghurt
1/2 Bund frische Minze
200 g Naturjoghurt
Salz
frisch gemahlener Pfeffer

Für die Puffer
1 Zwiebel
2 Knoblauchzehen
1 große Zucchini
2 Möhren
3 EL kalt gepresstes Olivenöl
200 g Tofu
Salz
frisch gemahlener Pfeffer
2 EL frisch gehackte, glatte Petersilie
2 Eier
75 g Paniermehl

Außerdem
Haushaltsreibe

Tofupuffer mit Erdbeeren

Die Erdbeeren waschen, putzen und vierteln. Das Basilikum waschen, trocken schütteln, die Blätter abzupfen, etwas zerkleinern und mit den Erdbeeren vermengen. Den Zitronen- und Orangensaft dazugeben, mit dem Honig oder der Fruchtsüße und dem Pfeffer abschmecken.

Für den Minzjoghurt die Minze waschen, trocken schütteln, die Blätter abzupfen und in Streifen schneiden. Mit dem Joghurt vermengen und kräftig mit Salz und Pfeffer abschmecken. Für die Puffer die Zwiebel und den Knoblauch abziehen und fein hacken. Die Zucchini und die Möhren waschen und mit einer Haushaltsreibe in eine Schüssel raspeln. Die Flüssigkeit anschließend ausdrücken. In einer Pfanne 1 EL Olivenöl erhitzen und die Zwiebel und den Knoblauch darin andünsten. Anschließend zum geraspelten Gemüse geben. Den Tofu grob reiben und unter das Gemüse mischen. Mit Salz, Pfeffer und Petersilie abschmecken.

Das Ganze mit den Eiern und dem Paniermehl vermengen, zu kleinen Puffern formen und im restlichen Olivenöl von beiden Seiten goldgelb anbraten. Die Puffer auf Tellern anrichten. Auf jeden Puffer etwas Minzjoghurt geben und mit den Basilikum-Erdbeeren garnieren.

Tipp: Unter den Pufferteig zusätzlich eine geriebene Kartoffel mengen.

Fruchtige Gemüsepfanne

Zutaten für 4 Personen
500 g Chinakohl
100 g Kaiserschoten
3 Möhren
2 Knoblauchzehen
1/2 TL schwarze Pfefferkörner
Salz
1 Stück frischer Ingwer (ca. 3 cm)
3 EL Sonnenblumenöl
1/2 TL Kurkumapulver
2 Msp. Korianderpulver
2 Msp. Kreuzkümmelpulver
250–500 ml heiße Gemüsebrühe
200 g frische Ananaswürfel
1/2 Bund frische, glatte Petersilie
frisch gemahlener Pfeffer
1 Prise Cayennepfeffer
1–2 EL Zitronensaft

Außerdem
Sieb
Mörser

Den Chinakohl putzen, vierteln und den Strunk herausschneiden. Anschließend den Kohl in etwa 1 cm breite Streifen schneiden, waschen und in einem Sieb abtropfen lassen. Die Kaiserschoten waschen und putzen. Die Möhren waschen, schälen und in feine Streifen schneiden. Den Knoblauch abziehen, klein hacken und im Mörser mit den Pfefferkörnern und 1 Prise Salz zerstoßen. Den Ingwer schälen, fein hacken und daruntermischen. Das Öl in einer großen Pfanne erhitzen und die Möhren darin andünsten, den Knoblauch und die Gewürze unterrühren. Mit der Brühe ablöschen und den Chinakohl untermischen. Das Ganze etwa 15 Minuten garen, dann die Kaiserschoten und die Ananas dazugeben. Weitere 5–10 Minuten kochen. Darauf achten, dass das Gemüse nicht zu weich wird.
Die Petersilie waschen, trocken schütteln, die Blätter abzupfen und fein hacken. Das Gemüse mit Pfeffer, Salz, Cayennepfeffer und Zitronensaft abschmecken und mit Petersilie bestreut servieren.

Tipp: Statt Ananas lässt sich die fruchtige Gemüsepfanne auch mit frischen Aprikosen-, Pfirsich-, Mango- oder Orangenwürfeln verfeinern.

Spargel-Grapefruit-Hühnchen

Zutaten für 4 Personen
4 Hähnchenbrustfilets (à 100 g)
Salz
frisch gemahlener Pfeffer
500 g grüner Spargel
200 g Zuckerschoten
200 g frische Soja- oder
Mungosprossen
1 gelbe Paprikaschote
3 rosa Grapefruits
3 EL Sonnenblumenöl
100 ml Gemüsebrühe
1 EL körniger Senf
1 EL Honig oder Fruchtsüße
1 EL Walnusskerne

Außerdem
Küchenpapier
Sieb

Die Hähnchenbrust waschen, trocken tupfen, quer durchschneiden und mit Salz und Pfeffer würzen. Den Spargel waschen, im unteren Drittel schälen, die holzigen Enden abschneiden und die Stangen in etwa 4 cm lange Stücke schneiden. Die Zuckerschoten putzen und waschen, die Sprossen kurz abspülen und im Sieb abtropfen lassen. Die Paprika halbieren, entkernen, die Trennwände entfernen, waschen und in Streifen schneiden.

1 Grapefruit auspressen, die anderen beiden filetieren, dabei den Saft auffangen und zum anderen Saft geben. Das Öl in einer Pfanne erhitzen und das Fleisch von beiden Seiten knusprig braun durchbraten, herausnehmen und warm stellen. Den Spargel, die Zuckerschoten und die Paprikastreifen in das Bratfett geben und unter mehrfachem Rühren etwa 5 Minuten garen. Die Gemüsebrühe mit dem Senf verrühren und über das Gemüse geben. Die Sprossen unterheben, alles aufkochen lassen und abschmecken. Den Grapefruitsaft mit dem Honig oder der Fruchtsüße verrühren, die Grapefruitfilets dazugeben und das Ganze leicht erwärmen. Die Walnusskerne hinzufügen und leicht glasieren. Die Filets portionsweise mit dem Gemüse auf Tellern anrichten und mit den Grapefruitfilets und den glasierten Walnüssen garniert servieren.

Tipp: Das Ganze schmeckt ebenso gut mit gehackten Haselnüssen oder Mandeln, die basenbildend sind.

Medaillons mit Blaubeersauce

Zutaten für 4 Personen
Für die Blaubeersauce
500 g Blaubeeren
1 rote Chilischote
1 Stück frischer Ingwer (2 cm)
Saft und abgeriebene Schale von
2 Bio-Limetten
2 EL kalt gepresstes Olivenöl
Salz
frisch gemahlener Pfeffer
Honig oder Fruchtsüße

Für die Medaillons
400 g Schweinefilet
Salz
frisch gemahlener Pfeffer
2 EL Sonnenblumenöl

Außerdem
Sieb
Haushaltsreibe
Küchenpapier
Stabmixer

Für die Blaubeersauce die Blaubeeren verlesen, waschen und in einem Sieb gut abtropfen lassen. Die Chilischote entkernen, waschen und fein hacken. Den Ingwer schälen und fein reiben. 250 g von den Blaubeeren in eine Schüssel geben. Chili, Ingwer, Limettensaft und -schale (1 EL Limettenschale zum Garnieren beiseitestellen) dazugeben, alles gut vermengen und etwa 60 Minuten ziehen lassen. Anschließend für die Medaillons das Fleisch kalt abspülen, trocken tupfen und in Medaillons schneiden. Mit etwas Salz und Pfeffer würzen. In einer Pfanne das Öl erhitzen und die Medaillons darin von beiden Seiten scharf anbraten. Die Medaillons bei schwacher Hitze fertig garen. Danach einige Minuten ruhen lassen.
Die restlichen Blaubeeren mit dem Stabmixer pürieren und unter die marinierten Blaubeeren mischen. Unter ständigem Rühren das Olivenöl unterziehen und die Mischung mit Salz, Pfeffer und Honig oder Fruchtsüße abschmecken. Die Medaillons mit der Blaubeersauce auf Tellern anrichten und mit der Limettenschale bestreut servieren.

Zutaten für 4 Personen
400 g Rinderfilet
2 rote Zwiebeln
1 Stange Porree
4 EL Sonnenblumenöl
50 ml Gemüsebrühe
100 g Sahne
100 g Crème fraîche
1 TL grüne Pfefferkörner
1 TL rote Pfefferkörner
evtl. Speisestärke
Salz

Außerdem
Küchenpapier

Geschnetzeltes vom Rinderfilet

Das Rinderfilet waschen, trocken tupfen, von allen Haut- und Sehnenstücken befreien, längs halbieren und quer zur Faser dünn aufschneiden (schnetzeln). Die Zwiebeln abziehen und in Scheiben schneiden, den Porree putzen, längs halbieren, waschen und in schmale Ringe schneiden.

In einer Pfanne 2 EL Öl erhitzen und die Zwiebeln darin anschwitzen. Den Porree dazugeben und 1 Minute mit andünsten. Mit der Gemüsebrühe ablöschen. Die Sahne, die Crème fraîche, die grünen und roten Pfefferkörner hinzufügen und aufkochen lassen. Die Sauce eventuell leicht mit Speisestärke binden. Erneut aufkochen lassen, mit Salz würzen. Das geschnetzelte Filet leicht salzen und in einer zweiten Pfanne mit dem restlichen Öl kurz und schnell von allen Seiten anbraten. Die Sauce dazugeben und sofort servieren.

Tipp: Reichen Sie dazu Kartoffeln. Zusätzlich 200 g Champignons in Scheiben zum Geschnetzelten geben.

Kräuterfarfalle mit Spargel

Zutaten für 4 Personen
500 g grüner Spargel
Salz
250 g TK-Erbsen
300 g Farfalle
2 EL kalt gepresstes Olivenöl
250 ml Gemüsebrühe
150 g Crème fraîche
1 EL gehackte, italienische TK-Kräuter
frisch gemahlener Pfeffer

Außerdem
Schaumkelle
Sieb
1 EL frisch gehacktes Basilikum zum
Bestreuen

Den Spargel waschen, im unteren Drittel schälen, die holzigen Enden entfernen und die Stangen in 5 cm lange Stücke schneiden. In einem Topf reichlich Salzwasser erhitzen und den Spargel darin 3 Minuten blanchieren. Mit einer Schaumkelle herausnehmen, kalt abschrecken und abtropfen lassen. Mit den Erbsen ebenso verfahren.
Die Farfalle in Salzwasser nach Packungsangabe bissfest garen und abgießen. In der Zwischenzeit das Olivenöl erhitzen, den Spargel und die Erbsen hinzufügen und 1 Minute anschwitzen. Die Brühe und die Crème fraîche in einem zweiten Topf verrühren und erhitzen, die Kräuter hinzufügen und das Ganze 4 Minuten köcheln lassen. Die Farfalle mit dem Spargel und den Erbsen zur Sauce geben, mit Salz und Pfeffer abschmecken und mit Basilikum bestreut servieren.

Tipp: Nach Belieben zusätzlich mit geröstetem Sesam bestreuen.

Zutaten für 4 Personen
Für die Crêpes
400 ml Milch
150 g Weizen- oder Buchweizenmehl
4 Eier
Salz
frisch gemahlener Pfeffer
2 EL frische, fein gehackte Petersilie
1 EL frische, fein gehackte
Rosmarinnadeln
1 EL frische, fein gehackte
Thymianblättchen

Für die Füllung
400 g Zucchini
200 g Tomaten
150 g Aubergine
1 Bund Frühlingszwiebeln
1–2 Knoblauchzehen
3 EL kalt gepresstes Olivenöl
Salz
Pfeffer aus der Mühle

Außerdem
1 EL Sonnenblumenöl zum Braten
Auflaufform
1 EL geriebener Parmesan

Überbackene Gemüsecrêpes

Für die Crêpes aus den Zutaten einen Teig anrühren und diesen 20 Minuten quellen lassen. Das Öl in einer kleinen Pfanne erhitzen und darin nacheinander 8 Crêpes backen. Im Backofen bei 50 Grad warm stellen.

Für die Füllung das Gemüse waschen und putzen. Die Zucchini in Scheiben, die Tomaten in Spalten, die Aubergine in Würfel und die Frühlingszwiebeln mit hellgrünem Lauch in Ringe schneiden. Den Knoblauch abziehen und fein hacken. Das Olivenöl in einer Pfanne erhitzen und das Gemüse 5–8 Minuten unter Rühren darin bissfest garen. Mit Salz und Pfeffer abschmecken.

Die Crêpes mit dem Gemüse füllen und in eine Auflaufform geben. Mit dem geriebenen Parmesan bestreuen und im vorgeheizten Backofen bei 200 Grad 5 Minuten goldgelb gratinieren.

Tipp: Die Crêpes schmecken auch sehr gut, wenn sie nicht mit Käse, der säurebildend ist, überbacken werden.

Leipziger Allerlei mit Scampi

Zutaten für 4 Personen
250 g weißer Spargel
250 g grüne Bohnen
100 g Zuckerschoten
4 Möhren
1 Blumenkohl
Salz
200 g kleine, braune Champignons
2 EL Sonnenblumenöl
8 gekochte, ausgelöste Scampi
20 g Butter
1 EL Mehl
frisch geriebene Muskatnuss
Honig oder Fruchtsüße
frisch gemahlener Pfeffer

Außerdem
Sieb

Den Spargel dünn schälen, die holzigen Enden entfernen, waschen und in ungefähr 4 cm lange Stücke schneiden. Die Bohnen putzen, waschen und halbieren. Die Zuckerschoten waschen und putzen, die Möhren ebenfalls waschen und in schräge, nicht zu breite Scheiben schneiden. Den Blumenkohl in Röschen zerteilen. Das Gemüse jeweils getrennt in etwas Salzwasser gar, aber nicht zu weich kochen (Blumenkohl: 15–20 Minuten, Spargel und Bohnen: ca. 10 Minuten, Möhren und Zuckerschoten: ca. 5–10 Minuten). Das Kochwasser in eine Schüssel abgießen, das Gemüse abschrecken und abtropfen lassen. Die Champignons putzen und grob zerkleinern. Das Öl in einem Topf erhitzen und die Scampi darin kurz anbraten und herausnehmen. In dem Fett die Champignons etwa 10 Minuten anbraten und beiseitestellen. Die Butter in einem Topf zerlassen, das Mehl dazugeben und so lange rühren, bis eine klümpchenfreie Mehlschwitze entsteht. So viel Gemüsewasser einrühren, bis die Sauce eine leicht cremige Konsistenz hat. Mit etwas Muskatnuss, Honig oder Fruchtsüße, Salz und Pfeffer würzen. Das Gemüse, die Pilze und zum Schluss die Scampi dazugeben. Sofort servieren.

Tipp: Die Scampi können auch entfallen. Reichen Sie außerdem dazu basenbildende Kartoffeln.

Zutaten für 4 Personen

4 Lachsfilets (ca. à 125 g)
Saft von 1 Zitrone
300 g Radicchio
1 reife Mango (ca. 250 g)
90 g schwarze Oliven ohne Stein
1 Bund frischer Zitronenthymian
1 Knoblauchzehe
4 EL Sonnenblumenöl
150 ml Gemüsebrühe
1 Spritzer Sherry
Salz
Zitronenpfeffer
1 EL kalte Butter

Außerdem

Küchenpapier
Salatschleuder
Knoblauchpresse

Lachs mit Radicchio-Mango-Gemüse

Die Lachsfilets unter fließend kaltem Wasser abspülen, trocken tupfen und mit dem Zitronensaft beträufeln. Den Radicchio putzen, waschen, trocken schleudern und in Streifen schneiden. Die Mango schälen, entsteinen und in schmale Spalten oder Würfel schneiden. Die Oliven halbieren. Den Zitronenthymian waschen, trocken schütteln, die Blätter abzupfen und grob hacken. Den Knoblauch abziehen und durch die Presse drücken. Die Hälfte des Öls in einer Pfanne erhitzen und den Knoblauch darin goldgelb anschwitzen. Den Radicchio dazugeben und kurz andünsten. Die Mango und die Oliven hinzufügen und etwa 1 Minute mitbraten. Das Ganze mit der Gemüsebrühe und dem Sherry ablöschen und 4–5 Minuten köcheln lassen.

In der Zwischenzeit in einer anderen Pfanne das restliche Öl erhitzen und die Lachsfilets darin auf der Hautseite 5–6 Minuten braten. Die Filets wenden und 2–3 Minuten fertig garen. Mit etwas Salz und Zitronenpfeffer würzen. Drei Viertel des Zitronenthymians unter das gegarte Gemüse mischen und ebenfalls alles mit etwas Salz und Zitronenpfeffer würzen. Die kalte Butter unterrühren. Das Gemüse auf Teller geben und die Lachsfilets dekorativ mit der Hautseite nach oben auf dem Gemüsebett anrichten. Mit dem restlichen Zitronenthymian bestreut servieren.

Zutaten für 4 Personen
400 g Kabeljaufilet
2 Eiweiß
2 EL Speisestärke
1 EL Reiswein
Salz
100 g Bambussprossen (Dose)
2 Frühlingszwiebeln
1–2 Knoblauchzehen
2 rote Paprikaschoten
3 EL kalt gepresstes Olivenöl
4 EL Gemüsebrühe
evtl. Speisestärke
frisch gemahlener Pfeffer
1 EL Sesamöl

Außerdem
Küchenpapier
Sieb
Knoblauchpresse
Schaumkelle

Fisch-Gemüse-Wok

Den Fisch unter fließend kaltem Wasser abspülen, trocken tupfen und in 2 cm große Würfel schneiden. Das Eiweiß in eine Schüssel geben und mit der Speisestärke verschlagen. Den Reiswein unterrühren und mit 1 Prise Salz würzen. Die Fischwürfel dazugeben, gut durchrühren und ca. 15 Minuten darin marinieren.

Die Bambussprossen in einem Sieb abtropfen lassen. Die Frühlingszwiebeln putzen, waschen und mit dem hellgrünen Lauch in Ringe schneiden. Den Knoblauch abziehen und durchpressen. Die Paprika halbieren, entkernen, die Trennwände entfernen, waschen und in 2 cm große Würfel schneiden.

Das Öl in einer tiefen Pfanne oder in einem Wok erhitzen und die Fischwürfel direkt aus der Marinade hineingeben, ca. 3 Minuten von allen Seiten braten und anschließend mit einer Schaumkelle herausnehmen. Die Frühlingszwiebeln und den Knoblauch in die Pfanne oder den Wok geben und gut anbraten. Die Paprika und die Bambussprossen hinzufügen und ca. 1 Minute durchbraten. Den Fisch wieder dazugeben und mit der Gemüsebrühe ablöschen. Nach Belieben mit etwas angerührter Speisestärke andicken. Mit dem Sesamöl abschmecken und servieren.

Tipp: Zusätzlich ein Bund Dill waschen, trocken schütteln, die Spitzen abziehen, fein hacken und zum Schluss dazugeben.

Desserts und Drinks

Frische, saftige Früchte als Salat, Sorbet, Suppe oder Drink: Sie glänzen mit ihren basenbildenden Inhaltsstoffen und geben dem Körper, was er so dringend benötigt – der ideale krönende Abschluss einer Mahlzeit oder einfach als Snack zwischendurch.

Zutaten für 4 Personen
850 g Erdbeeren
1 EL Honig oder Fruchtsüße
1 Vanilleschote
1 Prise Zimtpulver
40 ml Walderdbeerlikör
5 Blatt Gelatine
4 EL Zitronensaft
4 EL Orangensaft

Außerdem
Stabmixer
150 g geschlagene Sahne zum Garnieren
Zitronenmelisse oder Minzeblätter zum Garnieren

Erdbeergrütze

Die Erdbeeren entstielen und waschen. 600 g Erdbeeren in eine Schüssel geben und den Honig oder die Fruchtsüße dazugeben. Die Vanilleschote aufschlitzen und das Mark der Vanilleschote herauskratzen und zu den Erdbeeren geben. Den Zimt und den Likör hinzufügen und das Ganze mit dem Stabmixer pürieren.

Die Gelatineblätter in kaltem Wasser einweichen, ausdrücken und in einem kleinen Topf mit dem Zitronen- und Orangensaft erwärmen. Die aufgelöste Gelatine unter die pürierten Erdbeeren ziehen. Die restlichen Erdbeeren – je nach Größe – halbieren oder vierteln und ebenfalls unter die Erdbeermasse ziehen. Die Erdbeergrütze im Kühlschrank erkalten lassen. Die Grütze mit geschlagener Sahne anrichten und mit Melissen- oder Minzeblättern garnieren.

Tipp: Die Grütze lässt sich auch mit anderen Früchten auf diese Weise zubereiten. Sie schmeckt auch ohne Sahne oder alternativ mit einem Klecks Naturjoghurt.

Rhabarbersüppchen mit Beeren

Zutaten für 4 Personen
Für das Süppchen
3 Blatt Gelatine
400 ml Rhabarbersaft
abgeriebene Schale von 1/2 unbehandelten Limette
200 ml ungezuckerter Apfelsaft
Honig oder Fruchtsüße

Für den Erdbeer-Minze-Salat
300 g Erdbeeren
1–2 frische Minzezweige
1 TL gesiebter Puderzucker
1 Spritzer Limettensaft

Für das Himbeersorbet
300 g Himbeeren
Honig oder Fruchtsüße
Saft von 1 Zitrone

Außerdem
Sieb
Eiswürfel
Stabmixer

Für das Süppchen die Gelatine in kaltem Wasser einweichen. Den Rhabarbersaft mit der Limettenschale aufkochen. Die Gelatine aus dem Wasser nehmen, ausdrücken und sofort in den Saft rühren. Das Ganze durch ein feines Sieb in eine Schüssel geben. Diese in ein Eisbad stellen und so lange rühren, bis die Flüssigkeit geliert. Den Apfelsaft einrühren. Nach Belieben leicht mit Honig oder Fruchtsüße süßen. Das Süppchen kalt stellen.

Für den Salat die Erdbeeren waschen, entstielen und in feine Würfel schneiden. Die Minze waschen, trocken schütteln, die Blätter abzupfen und in feine Streifen schneiden (einige Blätter für die Garnitur beiseitelegen). Die Erdbeeren und Minzestreifen mit dem Puderzucker und dem Limettensaft mischen und ebenfalls kalt stellen.

Für das Sorbet die Himbeeren, etwas Honig oder Fruchtsüße und 75 ml Wasser aufkochen und sofort mit dem Stabmixer fein pürieren. Das Ganze in einem Eisbad rühren, bis es kalt ist. Mit Zitronensaft verfeinern. Dann das Sorbet gefrieren lassen.

Den Erdbeer-Minze-Salat kreisförmig auf tiefen Tellern anrichten. Die Suppe in die Mitte geben. Nocken vom Sorbet ausstechen, auf dem Salat anrichten und mit der restlichen Minze garnieren.

Tipp: Schmeckt auch gut mit einem Sorbet aus Pfirsichen.

Pfirsich-Crunch

Zutaten für 4 Personen
10 reife Pfirsiche
50 g Butter
Apfel- oder Agavendicksaft
1 TL Zimtpulver
75 g Weizen- oder Buchweizenmehl
25 g Haferflocken

Außerdem
Auflaufform
Öl für die Form

Die Pfirsiche kurz mit kochendem Wasser überbrühen, kalt abschrecken und die Haut abziehen.

Die Früchte anschließend halbieren, entsteinen und in 3–4 cm große Stücke schneiden. Den Boden einer mit etwas Öl gefetteten Auflaufform mit den Pfirsichstücken auslegen.

Die Butter zerlassen. Die Fruchtsüße und den Zimt mischen und nach und nach unter die Butter rühren. Das Mehl und die Haferflocken unterarbeiten. Die Teigmischung gleichmäßig auf den Pfirsichen verteilen. Im auf 200 Grad vorgeheizten Backofen in 40 Minuten goldbraun backen. Etwas abkühlen lassen und lauwarm servieren.

Tipp: Sie können das Dessert auch mit Pflaumen zubereiten.

Exotischer Obstsalat

Zutaten für 4 Personen
100 g Litschis (Dose)
8 Physalis (Kapstachelbeeren)
2 Kiwis
2 Bananen
1 Ananas
1 reife Mango
1 Karambole
30 g brauner Zucker
abgeriebene Schale von
1 unbehandelten Limette
1–2 EL Limettensaft

Außerdem
Sieb

Die Litschis in ein Sieb geben und abtropfen lassen. Von den Physalis die trockene Schale nach hinten ziehen, sodass die Beeren freiliegen. Die Kiwis und die Bananen schälen und jeweils in Scheiben schneiden. Von der Ananas den Blattschopf abschneiden, die Frucht senkrecht aufstellen und mit einem scharfen Messer von oben nach unten am Fruchtfleisch entlang die Schale abschneiden, das Fruchtfleisch würfeln. Die Mango schälen, das Fruchtfleisch vom Kern schneiden und würfeln. Die Karambole waschen und in sternförmige Scheiben schneiden. Das Obst bis auf die Kiwis und die Physalis in eine große Schüssel geben. Den braunen Zucker und die Limettenschale in einem Topf mit etwas Wasser erhitzen, bis sich der Zucker aufgelöst hat. Mit Limettensaft abschmecken und etwas abkühlen lassen. Anschließend über das Obst in der Schüssel geben und alles gut durchmischen. Den Obstsalat in Dessertschalen oder auf Tellern dekorativ anrichten und mit Kiwischeiben und Physalis garnieren.

Tipp: Wer mag, kann den Obstsalat mit 1–2 EL Kokos- oder Orangenlikör verfeinern.

Zutaten für 4 Personen
Für das Mangosorbet
2 TL Stevia-Pulver
2 reife Mangos
1 Topf frische Minze
5 EL Limettensaft
abgeriebene Schale von 2 unbehandelten Limetten

Für die Himbeersauce
250 g Himbeeren
1 TL Stevia-Pulver
100 ml Mineralwasser

Außerdem
Stabmixer
Sieb

Mangosorbet mit Himbeersauce

Für das Sorbet das Stevia-Pulver in 100 ml Wasser einrühren, das Ganze erhitzen und etwa 2 Minuten kochen lassen. Die Mangos schälen und das Fruchtfleisch vom Stein schneiden. Das Fruchtfleisch klein schneiden und mit dem Stabmixer pürieren. Die Minze waschen und trocken schütteln. Einige Blätter zum Dekorieren beiseitelegen, den Rest abzupfen und mit dem Stabmixer fein pürieren.
Die pürierte Minze mit der Stevialösung verrühren, dann den Limettensaft und die Limettenschale untermischen. Die Minzmasse unter das Mangopüree rühren, alles sorgfältig vermischen und 5–6 Stunden gefrieren lassen, dabei etwa alle 30 Minuten einmal umrühren.
Für die Sauce die Himbeeren verlesen und mit dem Stevia-Pulver und dem Mineralwasser fein pürieren. Eventuell zusätzlich durch ein Sieb streichen. Das Mangosorbet etwas antauen lassen und portionsweise auf Desserttellern oder in Gläsern anrichten. Die Himbeersauce dekorativ darübergeben und mit den restlichen Minzeblättchen garniert servieren.

Tipp: Gut schmeckt dazu auch eine Sauce aus Erdbeeren.

Bananen-Erdbeer-Porridge

Zutaten für 4 Personen
350 g Erdbeeren
2 Bananen
100 g Haferflocken
250 g Naturjoghurt
2 EL Weizenkleie
2 EL Leinsamen
1–2 EL brauner Rohrzucker oder
Fruchtsüße

Außerdem
Sieb

Die Erdbeeren waschen, entstielen und je nach Größe halbieren oder vierteln. Die Bananen schälen und in Scheiben schneiden. Die Haferflocken und 500 ml Wasser in einen Topf geben und unter gelegentlichem Rühren 10 Minuten köcheln lassen, bis die Haferflocken aufgequollen sind.

Den Topf vom Herd nehmen und die Flocken durch ein Sieb abgießen. Den Joghurt, die Weizenkleie und den Leinsamen untermischen, den braunen Zucker oder die Fruchtsüße dazugeben und den Porridge in Schälchen füllen. Mit den Erdbeeren und Bananenscheiben garnieren und servieren.

Tipp: Statt Erdbeeren kann man diesen Porridge auch mit anderen Früchten nach Geschmack zubereiten.

Zutaten für 1 Person
100 g Erdbeeren
200 g Wassermelone
50 g Dickmilch
1 EL Grenadinesirup
zerstoßenes Eis
1 EL Zitronensaft

Außerdem
Stabmixer

Melonen-Erdbeer-Smoothie

Die Erdbeeren waschen, entstielen und vierteln. Die Wassermelone schälen, entkernen und grob in Stücke schneiden.
Die Erdbeeren, die Melone, die Dickmilch und die Grenadine mit dem Stabmixer pürieren, das zerstoßene Eis dazugeben und alles noch mal verrühren. Mit Zitronensaft abschmecken.

Tipp: Sie können den Smoothie auch mit Molke statt Dickmilch zubereiten. Er ist dann allerdings nicht ganz so cremig.

Frucht-Joghurt mit Zimt

Zutaten für 4 Personen
2 Birnen
2 Pfirsiche
1 Banane
1 TL Honig oder Fruchtsüße
Saft von 1 Zitrone
500 g Naturjoghurt
5 EL Sahne
Mineralwasser
1 TL Zimtpulver

Die Birnen schälen, entkernen und in Würfel schneiden. Die Pfirsiche kurz mit heißem Wasser überbrühen, schälen, entkernen und in Würfel schneiden. Die Banane schälen und in Scheiben schneiden. Den Honig oder die Fruchtsüße und 2 EL Zitronensaft über die Fruchtstücke geben, durchrühren und 15 Minuten marinieren lassen.

Den Joghurt in eine Schüssel geben, die Sahne und den restlichen Zitronensaft hinzufügen und alles gut verrühren. Die marinierten Früchte hinzufügen und unterheben. Ggf. mit Mineralwasser verdünnen. Nochmals abschmecken, in Dessertschalen geben und mit Zimt bestäuben.

Zutaten für 4 Personen
1 Mango
1 Papaya
1 Banane
4 EL Fünfkornflocken
500 ml Milch oder Buttermilch
ca. 250 ml Mineralwasser

Außerdem
Stabmixer

Frühstücksdrink

Die Mango schälen und den Kern herauslösen. Das Fruchtfleisch vom Stein schneiden und in grobe Stücke schneiden. Die Papaya ebenfalls schälen und das Fruchtfleisch würfeln. Die Banane schälen und in Scheiben schneiden.
Mango, Papaya und Banane mit den Fünfkornflocken sowie der Milch mit dem Stabmixer pürieren. So viel Mineralwasser unterrühren, bis der Drink die gewünschte Konsistenz hat. In gekühlte Gläser gießen und sofort servieren.

Tipp: Eine reife Mango erkennt man am Duft und daran, dass sie auf Fingerdruck nachgibt. Vollreife Früchte weisen schwarze Punkte auf.

Zutaten für 4 Personen
1 große, reife Mango
400 ml frisch gepresster
Orangensaft
1–2 EL Honig

Außerdem
Stabmixer

Mango-Orangen-Smoothie

Die Mango schälen, das Fruchtfleisch vom Stein schneiden und würfeln. Zusammen mit dem Orangensaft mit dem Stabmixer pürieren und nach Geschmack mit Honig süßen. In vier Gläser füllen und sofort servieren.

Tipp: Verfeinern Sie diesen leckeren Smoothie doch einmal mit Mandelmilch. Dazu einfach 1 Handvoll Mandeln im Mixer pürieren, mit 1/2 Liter heißem Wasser übergießen und noch einmal pürieren, bis sich eine milchige Flüssigkeit bildet.

Register

Impressum

LiCo ist ein eingetragenes Warenzeichen und erscheint im Lingen Verlag, 50679 Köln
© 2013 by Helmut Lingen Verlag GmbH & Co. KG, Brügelmannstraße 3, 50679 Köln

Foodfotografie: Archiv Lingen Verlag, Jo Kirchherr, Thinkstock
Fotos: Thinkstock
Rezepte und Infotext: Annerose Sieck

Printed in EU.
Alle Rechte vorbehalten.
www.lingenverlag.de

Alle Informationen in diesem Buch sind von Redaktion, Lektorat und Verlag sorgfältig
erwogen und geprüft worden. Eine Haftung des Verlages, der von ihm beauftragten
Lektoren und des Handels für etwaige Personen-, Sach- und Vermögensschäden,
die sich aus dem Gebrauch dieses Buches ergeben, ist ausgeschlossen.